SUSAN BLACK (HG.)

BONO
UND U2

SUSAN BLACK (HG.)

BONO
UND U2

IN EIGENEN
WORTEN

**Aus dem Englischen
von Ursula Damm**

PALMYRA

Die Originalausgabe erschien 1997 unter dem Titel
Bono – In his own words
bei Omnibus Press, London.
© Copyright 1997 by Omnibus Press

Für die deutschsprachige Ausgabe wurde das englische
Original von Jörg-Peter Klotz aktualisiert. Der Abdruck der
aktualisierten Interviewpassagen erfolgt mit freundlicher
Genehmigung der Zeitschriften und Zeitungen *Frankfurter Rundschau*, *Rolling Stone* (deutsche und amerikanische Ausgabe),
Musikexpress/Sounds, *Q*, der Nachrichtenagentur Reuters und
der Plattenfirma Mercury (Interview-CD).

Die mit * gekennzeichneten Zitate wurden deutschsprachigen
Medien entnommen und nicht von Ursula Damm übersetzt.

Die Deutsche Bibliothek – CIP-Einheitsaufnahme
Ein Titeldatensatz für diese Publikation ist bei
Der Deutschen Bibliothek erhältlich

© Copyright der deutschsprachigen Ausgabe 2000 by
PALMYRA VERLAG, Hauptstraße 64, 69117 Heidelberg
Telefon 06221/165409, Telefax 06221/167310
e-mail: palmyra-verlag@t-online.de
www.palmyra-verlag.de
Alle deutschen Rechte vorbehalten
Lektorat: Kathrin Razum
Umschlaggestaltung: Georg Stein und Michael Grub
Umschlagfoto: Geoff Crawford/Camera Press/Omnibus Press
Satz: Clemens Brunn
Druck und Bindung: Wiener Verlag, Himberg
Printed in Austria
ISBN 3-930378-33-7

Inhalt

Einleitung

U2 sind die erfolgreichste Band, die Irland jemals hervorgebracht hat. Van Morrison hat vielleicht mehr Mythen geschaffen, Thin Lizzy hatten vielleicht mehr Hits, die Boomtown Rats haben den Journalisten vielleicht bessere Geschichten erzählt, aber keiner war so einflußreich, versprühte die gleiche emotionale Energie oder ist auf einer ähnlichen Welle kommerzieller Eigendynamik geschwommen wie U2. Kaum waren sie in England angekommen – vier verwunderte Teenager aus Dublin, die gerade mal ein paar Hits in der Heimat im Gepäck hatten –, wurden Bono, The Edge, Larry und Adam ins Rampenlicht katapultiert, zuerst als Musiker, dann als Songwriter, und schließlich als Menschen.

U2 sind eine Demokratie, es gibt keinen Bandleader und keinen erklärten Sprecher in ihren Reihen. Aber für die meisten Leute, diejenigen, die ihre Platten kaufen, die auf ihre Konzerte gehen, ist das Gesicht von U2 das Gesicht von Paul Hewson, dem charismatischen Sänger, der sich prophetischerweise den lateinischen Namen Bono Vox gab – Gute Stimme, Große Stimme, eine Vorwegnahme seines künftigen Markenzeichens. Heute ist er schlicht und einfach als Bono bekannt, aber die ursprüngliche Bedeutung steckt immer noch darin, und sie gilt nach wie vor.

Bono wurde am 10. Mai 1960 in Dublin geboren. Er wuchs in Ballymun auf, das er als ziemlich wüste Wohngegend in

Erinnerung hat, »ein Viertel mit riesigen Hochhäusern, wo Gangs unbehelligt tun und lassen konnten, was sie wollten.« Er wuchs zwar dort auf, aber er verbrachte den größten Teil seiner Zeit im mythischen Lypton Village mit verschiedenen Freunden. Es war sicher mehr als nur Zufall, daß die bedeutendsten »Bewohner« des Dorfes später zwei der aufregendsten Bands bilden würden, die Irland je hervorgebracht hat: U2 und die Virgin Prunes.

»Lypton Village. Das ist ein frei erfundener Ort, ein Ort, den wir in unserer Phantasie haben entstehen lassen, um uns als Kids einen alternativen Lebensstil zu geben. Wir haben als Teenager immer die Leute an den Straßenecken beobachtet. Wir haben darüber gelacht, wie sie redeten und was für Gesichter sie dabei gemacht haben. Wir haben uns über die Erwachsenenwelt lustig gemacht, und wir waren uns einig, daß wir nie erwachsen werden würden, weil alles, was wir gesehen haben, einfach nur albern war.«

Bono war siebzehn, als in Mount Temple, Irlands erster Gesamtschule, U2 gegründet wurde. Das musikalische Interesse der vier Mitglieder wurde genährt und gefördert durch die Aufmerksamkeit ihrer Lehrer. Zuerst spielte die Gruppe nur Coverversionen, aber laut The Edge war der ideelle Hintergrund der Band schon vorhanden. Die Band war lediglich ein Mittel, diese Ideen auszudrücken.

U2s Geschichte ist Bonos Geschichte. Aber Bonos Worte sind nicht unbedingt U2s Worte. Die Band sagt, was sie sagen will, in ihren Songs – ihre Texte sind ihr Sprachrohr und spiegeln alles wider, was die Bandmitglieder sehen, fühlen und glauben. Wenn sie Interviews geben, wiederholt sich in vielen ihrer Aussagen nur das, was schon in den Songs steckt. Die Gedanken werden nur genauer ausgeführt, in einen Zusammenhang gestellt, den die Musik möglicherweise nicht vollständig vermittelt. Aber sie reden auch über eine Menge anderer Dinge, Dinge, die ihnen viel bedeuten, ihren Fans, der

8

ganzen Welt. Und Bono ist derjenige, der am meisten gesagt hat. Er ist deshalb nicht unbedingt das redseligste U2-Mitglied, aber er ist derjenige, an den sich die Leute meistens wenden. Er singt, und aus diesem Grund erwarten die Leute, daß er auch spricht. Und er sieht das natürlich genauso.

Dabei bleibt er jedoch stets sehr persönlich. Und die Medien wissen das zu respektieren, genauso wie sie die Ehrlichkeit und Integrität respektieren, die fast zu U2s Markenzeichen geworden sind. Im Konzert gibt er alles, was er hat, und dazu noch ein bißchen mehr. Und auch wenn er redet, bleibt er diesem Motto treu.

Die Band

Bono über Bono

Es ist die leichteste Sache der Welt, zynisch zu sein. Ich fühle es manchmal selbst in mir hochsteigen, und dann muß ich es niederringen. Das ist sehr verbreitet.

Februar 1981

Ich erinnere mich noch, wie ich mal »Top Of The Pops« angeschaut und dort eine Band namens Middle Of The Road gesehen habe, die *Chirpy Chirpy Cheep Cheep* gesungen hat. Ich war vielleicht acht, und ich hab mir gedacht: »Wow! Darum geht's also bei der Popmusik. Man singt wie die und wird dafür bezahlt.«

Februar 1981

Als ich sechzehn war, ging mir die Vorstellung, mir einen Job zu suchen, zu heiraten, erwachsen zu werden und dann zu sterben, völlig gegen den Strich – ich wollte mehr als das, und ich habe darum gekämpft, ja nicht auf diese Schiene zu geraten. In den Sechzigern gab's diese »Love & Peace«-Bewegung, wo die Leute gegen die Lebensweise ihrer Eltern rebelliert haben, gegen ihre Normen und die Heuchelei, und sie sind da ausgebrochen. Und ich glaube, sie hatten recht damit, diese Rebellion ist voll mein Ding, nur ist es so, daß sie durch Wirklichkeitsflucht, durch Drogen abgeschwächt worden ist. Wenn du so willst, ist das die

Art, wie die Außenwelt damit fertig geworden ist, sie hat die Leute ruhiggestellt. Und mit Punk ist es das gleiche. Diese extreme Abgrenzung ist doch nur eine andere Form von Wirklichkeitsflucht. Ich sehe unsere Musik gerne als eine Art Feier: einfach diese ganzen Barrieren niederreißen.

Februar 1982

Ich bin ohne Plattensammlung aufgewachsen. Mein Bruder hatte Kassetten mit Musik von Leuten wie Free und Hendrix. Als ich das letzte Mal in London war, wollte ich mir ein paar Soul-Sachen kaufen; ich bin zu Rough Trade, und es war mir sehr peinlich, weil ich nicht gewußt habe, wonach ich fragen soll.

Februar 1982

Es ist mir egal, wie die Leute sind, ob sie lange Haare haben oder kurze oder ob sie Skinheads sind. Wenn jemand von der Musik begeistert ist, dann bin ich glücklich. Ich mache mir nichts

aus Klischees oder Standardreaktionen; die Leute haben bei unseren Gigs die Gelegenheit, aus sich rauszugehen, und sie tun es auch. Solange es nicht in Gewalt umschlägt oder zu alkoholisiert zugeht – und damit meine ich nicht sich betrinken, sondern sich um Sinn und Verstand saufen –, wenn die Leute sich selbst ausdrücken, dann ist das gut so. Und wenn das die Jünger der elitären Musik abschreckt, dann ist das deren Sache.

Januar 1982

Ich würde es wirklich gerne sehen, daß die Leute die Regelsammlungen verbrennen… die Regeln, nach denen sie eine bestimmte Art von Musik zu mögen haben und keine andere. Ich glaube, die Leute sollten ihren Horizont erweitern… An der Weltmusikfront tut sich einiges, da gibt's ein paar ganz tolle Sachen, zum Beispiel in der afrikanischen Musik, und ich interessiere mich ganz besonders für traditionelle irische Musik. Gleichzeitig bin ich mir sicher, daß es auch ein paar tolle Popsongs gibt, aber ich will von Musik mehr als das. Ich will Musik mit dem gewissen Etwas, mit Gefühl, Lebendigkeit.

Ich will nicht anmaßend klingen; Wahrheit ist ein zweischneidiges Schwert, und sie kann sehr verletzen. Ich höre es heraus, wann ein Sänger etwas singt, das aus dem Herzen kommt, und wann nicht. Es gibt da einen großen Unterschied, und es gibt viele schön aufgemachte Popsongs, die einen vielleicht zum Weinen bringen, aber das ist dann so ein bißchen, wie wenn man »Lassie« oder »Unsere kleine Farm« anschaut, weißt du, das ist kein echtes Gefühl, das bewegt sich auf einer Gefühlsebene, die nicht besonders tief geht. Es ist dann Wahrheit, wenn ein Sänger etwas sagt, was aus seinem tiefsten Innern kommt, und es dich in deinem tiefsten Innern berührt. Das ist der Moment, wo man von großer Musik spricht, im Unterschied zu »angenehmer« Musik.

Februar 1982

Das Wort »angenehm« ist ein furchtbares Wort… Musik für Aufzüge und den Supermarkt. Das ist schön und gut, wenn du einkaufen gehst oder hoch und runter fährst, aber ich will mehr als das. Und ist das etwa falsch? Ist es falsch, mehr von Musik zu verlangen?

Februar 1982

Was mich interessiert, sind die drei Grundfarben: Gitarre, Baß und Schlagzeug. Die Moody Blues und das London Philharmonic Orchestra – na ja, ist das Rock'n'Roll? Die drei Klänge sind elementar genug, um über unbegrenzte Reserven zu verfügen.

Februar 1982

Ohne jetzt wie ein völliger Idiot klingen zu wollen, aber ich kann mich nicht daran erinnern, mich in den letzten zehn Jahren irgendwann mal gelangweilt zu haben. Eine Stunde für mich allein ist für mich so was Wertvolles. Ich langweile mich einfach nicht, dazu passiert viel zu viel.

Februar 1982

Ich erwarte von Musik, daß die Leute sich selbst preisgeben. Leute wie John Lennon oder Iggy Pop haben das getan. Egal, wie du zu ihrer Musik stehst, du lernst dadurch etwas über sie. Wenn's so etwas wie eine Trennlinie gibt, dann liegt sie hier.

Februar 1983

Wenn ich von Liebe spreche, dann meine ich damit die selbstlose Liebe. Sex kann man kaufen und verkaufen, genau wie alles andere. Aber ich glaube, echte Liebe besteht darin, zu geben, ohne etwas als Gegenleistung zu erwarten.

Februar 1983

Ich würde mal sagen, wenn es zwischen der Kunst und dem Künstler einen Unterschied gibt, dann ist irgendwas faul.

November 1984

Ich glaube, wegen der spirituellen Seite der Band, die man mit mir in Verbindung gebracht hat, haben die Leute gedacht: »Das ist gefährlich.«

Daß dieser Typ daran glaubt, was er sagt, weil Rock'n'Roll doch eigentlich ein einziges Mit-den-Schultern-Zucken und Weggucken ist. Nur ist das für mich nicht der Grund, weshalb ich auf Rock'n'Roll stehe. Mit Sicherheit nicht, und ich glaube, deshalb haben sich die Leute so unwohl damit gefühlt. In Irland gibt's zwei Dinge, über die man nicht spricht: Politik und Religion – aber wir haben darüber gesprochen.

November 1984

Ich rede zuviel. Aber wenn ich mit Leuten zusammen bin, denen ich vertraue und die mir vertrauen, rede ich nicht zuviel.

November 1984

Was mich interessiert, ist das Menschsein, nicht Übermenschlichkeit oder Untermenschentum. Auf unseren Platten gibt es genausoviel Angst wie Glauben. Vielleicht haben wir uns da irgendwie selbst reinmanövriert. Bei unserer ersten

Platte war das Gesicht eines Jungen auf dem Cover, diese ganze Kiste von wegen »Pervertierung von Unschuldigen«. Vielleicht haben wir damit unser eigenes Grab geschaufelt. Es war nur eine der Dimensionen. Mehr als jedes andere Mitglied in der Band war ich es dann, der das Loch vergrößert hat.

Januar 1985

Ich halte niemanden für einfach gestrickt. Ich glaube, daß die Eitelkeit, die zur Zeit den Rock'n'Roll ausmacht, nicht zuletzt daher kommt, daß die Leute Angst haben, sich selbst im Spiegel zu betrachten. Sie haben Angst vor dem, was sie sehen könnten, und deshalb verstecken sie das irgendwie. Ich meine die Videos, diese ganze Sache. Der Rock'n'Roll kratzt momentan allenfalls an der Oberfläche. Heute, 1985, wird nicht sehr viel »Soulmusik«, Musik mit Seele, gemacht. Aber vielleicht nächstes Jahr. Ich bin Optimist.

Mai 1985

Ich glaube, die Musik ist besser als der Musiker, aber es ist auch so, daß das Publikum sich selbst genausoviel Beifall klatscht wie uns. Das vergißt man gerne, wenn's um diese großen Konzerte geht: Das Publikum hat die Platten vorher schon gehört, die Leute kennen die Songs aus dem Radio, und die Musik ist Teil ihres Lebens geworden. Wenn sie diese Songs hören, finden sie ihr eigenes Ich darin, und in gewissem Sinn beklatschen sie diese Verbindung.

Juni 1985

Ich muß dich warnen, ich bin manchmal absolut nicht in der Lage, mich selbst zu erklären… Auch nur drei Worte aneinanderzureihen fällt mir manchmal schwer, und das ist dann richtig tragisch, besonders wenn die Leute von einem glauben, daß man nicht auf den Mund gefallen ist. Zur Zeit habe ich das Gefühl, daß ich immer weniger zu sagen habe. Es ist nämlich etwas passiert, das meine Sichtweise irgendwie verän-

14

dert hat, und zwar beschäftige ich mich mehr und mehr mit der Idee des Songs an sich. Ohne groß darüber nachzudenken, sagst du mit einer Gitarre oder einem Klavier und drei, vier Akkorden einfach alles, was du zu sagen hast. Es ist unglaublich. Früher war mir das überhaupt nicht klar... Ich bin ein Songwriter, warum halt ich da nicht einfach die Klappe!

Juni 1985

Vor ein paar Monaten hab ich mal Elvis Costello getroffen, und der hat zu mir gesagt: »Ich hab zwiespältige Gefühle, was U2 angeht – ich liebe euch und ich hasse euch.« Er meinte: »Ihr balanciert auf einem Drahtseil, auf dem keiner eurer Zeitgenossen gehen will – sie haben Angst –, und wenn ihr oben bleibt, ziehe ich meinen Hut vor euch, aber ihr fallt so oft runter.« Und... darauf konnte ich nichts erwidern. Wir fallen wirklich runter, ziemlich oft sogar, und auf der Bühne probier ich vielleicht

was aus, und es klappt nicht... aber es könnte schließlich klappen, und darauf kommt's doch an: Es könnte klappen.

Juni 1985

Ich benutze unsere Songs, um mich selbst aufzuwecken. Das ist so, wie wenn man sich eine Nadel ins Bein sticht, wenn's eingeschlafen ist.

Januar 1986

Im Rock'n'Roll geht's immer nur um Sex auf dem Rücksitz eines Chevrolets. Also, ich bin mir sicher, daß Sex auf dem Rücksitz von 'nem Chevrolet für die Beteiligten ganz prima ist, aber ich schreibe lieber über Beziehungen, die über diesen Punkt hinaus sind. Mich interessiert der innere Konflikt, wenn man in einer Beziehung ist. Viele unserer Songs bauen darauf auf. Man hat schon gesagt, daß ich es dauernd mit Grenzen habe, und ich schätze, da ist was dran, obwohl es nie etwas Bewußtes gewesen ist. Aber

15

es gibt verschiedene Arten von Grenzen – körperliche, nationale, sexuelle oder spirituelle, und sie kommen alle in den Songs von U2 vor.

März 1987

Ich schätze, ich bin einfach ein Typ, der gerne ein bißchen übertreibt. Die Iren sind große Dramatiker. Die Engländer horten die Worte, und die Iren werfen damit um sich. Wir gehen locker damit um. So wie James Brown: »I'm a sex machine.« Das ist nun wirklich nicht besonders subtil. Auf der einen Ebene wird uns vorgeworfen, wir wären zu subtil, und auf einer anderen sind wir es wiederum nicht genug.

März 1987

Ich möchte ein Sänger sein. Es ist mein Ziel, ein Soulsänger zu werden. Meine Idole sind Van Morrison, Janis Joplin... aber auf der anderen Seite auch Scott Walker und Elvis Presley, und zur Zeit versuche ich, die beiden Richtungen zusammenzubringen. Das Interessante ist,

daß die ganzen Leute, die mich in meiner Jugend inspiriert haben, sich genauso mit dem Glauben und der Angst davor herumgeschlagen haben. Bob Dylan, Van Morrison, Patti Smith, Al Green, Marvin Gaye. Das hat mich echt ermutigt.

März 1987

Wenn ich eine Ikone bin, dann bin ich wohl eine sehr schlechte. Die Leute verwechseln die Musik mit dem Musiker. Das Besondere an U2 ist die Musik, nicht die Musiker. Ich und die anderen, wir sind ganz normale Menschen, und die Musik ist unser Beruf. Andere bauen Häuser oder arbeiten in einer Fabrik oder sind Lehrer. Wir sind gerade erst dabei, unseren Beruf als Songwriter in den Griff zu kriegen.

März 1987

Alle streiten sich, und dann machen wir, was ich sage.

März 1987

Ich halte mich nicht für einen guten Sänger, aber ich glaube, ich bin auf dem Weg, einer zu werden. Auf *Unforgettable Fire* bricht meine Stimme, glaub ich, manchmal ein, und auf *Joshua Tree* ist das immer noch der Fall, aber dort ist schon viel mehr da. Am Ende von *Unforgettable Fire* hat Eno gesagt: »Bono hat mir genug gegeben, um gerade noch mal davonzukommen, aber er hat mir nicht alles gegeben, was er hat.« Auf dieser Platte habe ich ihm schon mehr gegeben, aber ich habe noch viel mehr drauf. Das weiß ich sicher.

März 1987

Wenn ich mir U2-Platten anhöre, dann höre ich, daß meine Stimme verkrampft klingt. Ich höre nicht meine echte Stimme. Zum großen Teil kommt es daher, daß ich den Text improvisiere, ich singe, was mir in den Kopf kommt. Aber Chrissie Hynde hat mal zu mir gesagt: »Wenn du so singen willst, wie du wirklich gerne singen willst, und so, wie du es auch kannst, dann schreib dir den Text auf, bevor du

singst.« Das hatte ich noch nie so gemacht. Ich hab die Texte buchstäblich beim Singen geschrieben. Ich hab gedacht, daß Texte aufschreiben altmodisch ist. Daß das nur Hippies tun. Daß ich mit diesem Drauflostexten etwas mache, das… Iggy Pop hatte es so gemacht, und er war für mich so 'ne Art Idol. Ich hab gedacht, mit einem Stift in der Hand werde ich sofort zu einem gefährlichen Mann.

März 1987

Ich werde sehr viel lockerer – als Mensch, was meine Rolle in einer Rock'n'Roll-Band angeht, in bezug auf U2. Aber jahrelang war ich mir nicht sicher, wer ich bin, wer U2 sind oder ob es überhaupt einen Platz für uns gibt. Manche behaupten, U2 wären selbstgerecht… aber wenn ich jemals mit dem Finger auf jemanden gezeigt habe, dann auf mich selbst. Ich hatte das Gefühl, ich muß U2 verteidigen, und deshalb bin ich in die Offensive gegangen.

März 1987

17

Mir bricht der kalte Schweiß aus bei dem Gedanken, Geld abheben zu müssen. Das ist Bürokratie. Ob man jetzt den blauen Schein ausfüllen muß oder... solche Entscheidungen sind unmöglich! Oder in den Supermarkt zu gehen, davon krieg ich beinahe einen Nervenzusammenbruch! Ich kann drei Strophen für einen Song runterschreiben, während ich in der Badewanne sitze, aber bei Postämtern bekomme ich weiche Knie.

Dezember 1987

Zur Zeit erkenne ich, was es bringt, verantwortungslos zu sein. Es gibt Leute, die gern hätten, daß ich aufstehe und ihnen zeige, wo's langgeht, und das werd ich einfach nicht machen. Ich bin Sänger in einer Rock'n'Roll-Band. Es ist absurd, von mir zu verlangen, daß ich irgendwas anderes mache. Aber das Vakuum, das die Vertreter von Religion und Politik hinterlassen, ist derart groß, daß die Menschen von Leuten wie Bob Geldof und mir Ideen erwarten, wie man das

Hungerproblem auf der Welt lösen kann. Ist das nicht absurd?

Dezember 1987

Wo ist mein Publikum? Mein Gott, sie haben mich verlassen! Das ist 'ne echte Krise. Wir müssen was unternehmen. Für'n bißchen Publicity sorgen oder so. »Bono in Sexorgie mit Minderjährigen.« Das sollte eigentlich reichen. Ich will mein Publikum wiederhaben.

Dezember 1987

Man kann nur desillusioniert werden, wenn man sich überhaupt Illusionen gemacht hat.

Dezember 1987

Ich lerne immer noch dazu, was den Starruhm und alles, was so dazugehört, angeht. Ich hab eben einen Sicherheitsbeamten geschlagen, und das hat sich ziemlich gut angefühlt. Könnte mir vielleicht jemand 'ne Flasche Jack Daniels bringen, dann könnte ich sie direkt vor euren Augen austrinken.

Auf einer Pressekonferenz, 1987

18

Keine Bühne ist groß genug für mich – ich nutze die Bühne gerne voll aus, soweit's nur irgend geht. Ich versuche rüberzukommen, etwas zu vermitteln.

Geld hat noch nie etwas damit zu tun gehabt, wie reich ich mich fühle. Alles, was das Geld mir eingebracht hat, ist, mich von meinen Freunden und meiner Familie zu entfernen, mich von ihnen abzuschneiden. Es hat mich an meinem Lebensnerv getroffen. Warum mach ich das überhaupt?

Übers Filmemachen,
Februar 1988

Ich hab da ein Buch... Ich habe Gedichte geschrieben, aber ich weiß noch nicht, ob ich sie veröffentlichen werde. Falls ja, nenn ich das Buch *Fuck Off! Teil I.* Es ärgert mich, daß die Leute von mir erwarten, ein Allroundtalent zu sein.

Dezember 1988

Es ist echt klasse, in einer Rock'n'Roll-Band zu sein, so

daß es einem schwerfällt, mit seinem Leben irgendwas anderes anzufangen. Es ist so ein Klischee, Rock'n'Roll-Star kann schauspielern, na und? Auf der anderen Seite haben wir auch kein Klischee ausgelassen, da könnten wir das genausogut auch noch mitnehmen.

Ich mache mit U2 eine bestimmte Art von Musik, und ich werde in die eine und dann in die andere Richtung gezerrt, und dann heißt es: »Ach, der Bono, der ist so ernsthaft, er ist dies, er ist das.« Über Coppola sagt niemand so was.

Ich will nicht der Rock'n'Roll-Star sein, der immer öffentlich bekanntgibt, was ihm wichtig ist, weil es mir wirklich wichtig ist. Wenn es nicht so wäre, würde ich es nicht machen.

Was ist eigentlich eine Rock'n'Roll-Band? Ich bin mir noch nicht mal sicher, ob wir eine richtige Rock'n'Roll-Band sind, aber zur Zeit genieße ich's, so zu tun, als ob wir eine wären.

Februar 1992

Den größten Kick kriegst du, wenn du da drin sitzt. Du spielst. Und die Musik kommt einfach. Du weißt nicht, woher sie kommt, und du weißt nicht, wohin sie geht, und das ist der Moment. Das ist dann dein eigentlicher Lohn.

Februar 1992

Die einzige Verantwortung, die ich habe, ist die, verantwortungslos zu sein. Den Leuten zu erzählen, daß sie mir nicht vertrauen sollen. Ich bin ein Rock'n'Roll-Star, das ist mein Beruf. Ich sage ihnen: »Glaubt mir kein Wort!« Ich schnappe mir das Geld. Ich suche das Weite. Das sollten die Leute von mir wissen.

März 1992

Ich bin nur ein Musiker, und ich weiß nicht mehr und nicht weniger als irgendein Typ auf irgendeinem Barhokker in irgendeiner Bar. Ich bin kein Idol. Ich bin ein Rock'n'Roller. Ich bin total verwöhnt. Ich krieg zuviel Geld für das, was ich mache. Dabei würd ich's auch umsonst machen, weißt du. Verstehst du, was ich meine? Ihr Leute, ihr braucht einfach Helden. Die Menschen wollen... die Medien wollen Helden schaffen. Aber wenn ich diesen Job annehmen würde, würdet ihr mich umbringen! Deshalb halte ich mich da raus.

März 1992

Trau keinem, der dir sagt: »Es kommt von Herzen.« Das ist schon mal die eine Sache. Das sollte man wirklich wissen! Trau zweitens keinem, der 'ne Zigarre raucht, auch keinem Cowboy oder 'nem Typen mit Sonnenbrille. Hier [nimmt die Sonnenbrille ab] – siehst du – ich lerne gerade, falsch zu sein. Ich hab meine Arschloch-Lektion gelernt. Ich werd immer besser darin. Und am Ende – vielleicht werd ich ja noch richtig cool.

März 1992

Ich genieße einige der unsin-
nigeren Seiten des Rock'n'
Roll, und früher hab ich davor immer Hemmungen ge-
habt. Ich hab mich irgendwie
davor versteckt, und ich hatte Angst, daß uns der ganze
Mist einholen würde – was
er dann auch geschafft hat!
Aber jetzt find ich's in Ordnung. Und man stellt sogar
fest, daß einem dieser Mist
zum Teil gefällt. Ich meine,
einiges davon macht Spaß.
Früher hätte ich zum Bei-
spiel nie bei einem Interview
eine Sonnenbrille getragen,
aber jetzt lerne ich gerade,
unaufrichtig zu sein, weißt
du, zu lügen.

Die Leute stellen mir so ernste Fragen – und ich beant-
worte sie auch noch. So
dumm bin ich.

Es ist ein erstaunliches Gefühl, tun zu können, was
man will, wann immer man
will. Das bedeutet, man muß
niemandem in den Arsch
kriechen – weißt du, wie das
ist? Es gibt da draußen einen
Haufen Leute, die jeden Tag,
jede Woche irgend jemandem
in den Arsch kriechen müssen – nur um ein paar Kröten
zu verdienen. Nur um… und
ich muß das nicht. Ich muß
vielleicht ab und zu mal
Edge in den Arsch kriechen,
vielleicht auch Larry, aber,
nicht wahr…

Rock'n'Roll ist eine andere
Sprache, und es ist hilfreich,
so darüber zu denken. So
hab ich rausgekriegt, wie
man sich Michael Jackson
anhören kann – ich tue einfach so, als könnte ich kein
Englisch, mit dem Ergebnis,
daß ich ein großer Fan von
ihm bin. Ich meine das
ernst… Ich mag seine Stimme unheimlich gern, das
Ganze, nicht nur die Texte.
Gerade der *Man In The Mir-
ror* [Mann im Spiegel] ver-
saut mir die Sache eher.
Rock'n'Roll ist eine andere
Sprache, die man für »A wop
bop a looba a wham bam
boom« ausprobiert oder wie
auch immer es gerade heißt.

Wir drucken die Texte auf
den Plattenhüllen ab, weil
ich, glaube ich, nicht deutlich
genug singe. Es hat mal eine

phantastische japanische Übersetzung gegeben, von der muß ich dir unbedingt erzählen. Das war die Übersetzung eines Songs namens *Out Of Control*. Die erste Zeile… also, es ist keine große Dichtkunst, aber es war die Anfangszeile, und ich hab sie an meinem achtzehnten Geburtstag geschrieben… ich glaube, sie ging so: »Monday morning, 18 years, how long« [Montagmorgen, 18 Jahre, wie lange], und die japanische Übersetzung hat daraus gemacht: »Montagmorgen, und man strickt Ohren aus Gold«…

Ich glaube, die Welt ist noch nicht bereit für ein Buch mit meiner Lyrik. Ich hab ein Gedicht über Elvis geschrieben. Ich finde, wenn man vorhat, Gedichte zu schreiben, dann sollten sie über Elvis sein.

Wenn du so wie ich das Glück hast, verliebt zu sein, dann willst du das nicht leichtfertig aufs Spiel setzen und deinen Partner der Öffentlichkeit ausliefern: Das

ist mir eigentlich viel wichtiger, als bei U2 zu sein. Wenn ich also Songs schreibe, dann ist es das Bein meiner eigenen Erfahrung und der Arm der Erfahrung von jemand anderem.

Aber ich glaube tatsächlich, daß auf eine versteckte Art und Weise der Song der einzige Ort in meinem Leben ist, wo ich absolut ehrlich bin.

Ich habe auch schon mal einen Song auf die Rückseite einer Air-India-Spucktüte geschrieben.

Für mich gibt es nichts Radikaleres oder Revolutionäreres als zwei Menschen, die sich lieben, weil es so schwer ist, sich zu lieben und diese Gefühle am Leben zu halten.

Mein Vater, den ich übrigens sehr liebe, ist einer von diesen Typen, die immer glauben, was sie lesen.

Also, was man bei Rock'n' Roll-Texten vor allen Dingen wissen muß, ist, daß es keine

Literatur ist; sie sind etwas anderes, sind mehr, oder auch weniger. Die Texte sind nur ein Teil des Ganzen, und als Sänger hab ich oft die Aufgabe, für die Gefühle und die Atmosphäre, die in der Musik stecken, passende Worte zu finden. Das ist mehr oder weniger mein Job.

Bei gelungenen Songs kommen viele Dinge zusammen, aber es ist nicht so, daß ich mich einfach hinsetze und einen Song schreibe, der *Miss Sarajevo* heißt oder so, sondern da ist zuerst eine Melodie, in der steckt schon eine gewisse Stimmung. Und ich versuche dann, mir ein Bild einfallen zu lassen, das zu dieser Stimmung paßt.

Es gibt noch eine andere gute Geschichte aus dem Fernen Osten, und zwar habe ich ein Duett mit Frank Sinatra gesungen, und das hieß dann: *I've Got You Under My Chicken* [Ich hab dich unter dem Huhn]. Das ist sogar noch um einiges besser. Vielleicht schreib ich das auf

mein Grab. Eine surrealistische Hymne.

Zu Hause hab ich eine umfangreiche Bibliothek, die reicht von den Klassikern bis hin zu Büchern übers Gärtnern. Ich hab Tausende von Büchern, und ich habe von allen die ersten siebzehn Seiten gelesen [lacht]. Ich weiß nicht, wieviel davon unsere Arbeit beeinflußt hat, aber ich bin ein Bücherfan. Ich bin ein Fan von diesen Schriftstellern. Ich finde das englische »Jahr der Literatur« klasse, weil ich gerne glauben würde, daß die Leute immer noch lesen.

Ich mag Seamus Heaney sehr, ich bin ein großer Fan von ihm, und tatsächlich gibt's auf einer unserer ersten Platten einen Song, der *A Sort Of Homecoming* heißt... darin ging's um seine Heimkehr. Ich schätze, ich hab da versucht, ein bißchen mit seinem Stil zu spielen. Ich liebe die Literatur von hier, und ich übernehme sie liebend gern, aber so einige der anderen Sachen nicht. Das Musikbusiness in England, das ist eigentlich unser geistiges Zuhause, damit sind wir aufgewachsen, mit den *inkies** und »Top Of The Pops« und »The Tube« und dem ganzen Zeug. Das ist echt interessant, neulich waren wir bei dieser Preisverleihung, und ein Typ vom *Q Magazine* ist aufgestanden und hat eine sehr emotionale Rede über die Band gehalten, und ich war echt von den Socken, denn es ist wirklich komisch, wenn man damit aufgewachsen ist und sich manchmal immer noch nicht so richtig als Teil davon fühlt.

Die erste Pflicht eines Rock'n'Roll-Stars ist, nicht langweilig zu sein.

Ich bin einfach ein neugieriger Mensch, will immer wissen, was gerade läuft.

März 2000

The Edge

Ein brillanter Gitarrist, aber als Mensch total zurückhaltend. Er braucht keine Show. Er weiß, was er will – er hat sein Kinn und seine Gitarre und seine Ellbogen, er spielt, was das Zeug hält, und zieht danach auf seine bescheidene Art den Stöpsel aus dem Verstärker und geht nach Hause. Meine Achtung vor ihm wird immer größer.

Mai 1981

Ich glaube, Edge ist der Kopf der Band, ich bin das Herz, und Adam und Larry sind die Füße.

Mai 1981

Als wir mit der ganzen Sache angefangen haben, war es schwer, The Edge mal dazu zu bringen, aggressiv zu spielen. Er ist ein Gentleman, und er spielt Gitarre wie ein Gentleman.

Februar 1982

The Edge ist wirklich ein sehr ernsthafter Typ. Er hat

---

*Teil der englischen Musikpresse, zu dem Zeitschriften wie *New Musical Express* oder *Melody Maker* gezählt werden (A.d.Ü.).

einen wahnsinnig hohen IQ, und er ist toll darin, Fragen von weltbewegender Bedeutung zu klären. Nur vergißt er oft die alltäglichen Dinge wie zum Beispiel die Akkorde von Songs, wo er gerade ist und so weiter.

Januar 1983

Edge kennt viele der Akkorde, die er spielt, selber nicht. Er erfindet sie. Sie haben keine Namen.

März 1987

Wir hatten mal einen Gig in Amerika, bei dem ich Larrys Schlagzeug von der Bühne geschmissen und mich mit der ganzen Band angelegt habe. Und The Edge, der mein Vorbild ist – er ist die Gelassenheit in Person –, war dermaßen außer sich, daß er mir richtig eine aufs Maul gegeben hat. Das war erstaunlich. Ich kenne ihn schon mein ganzes Leben, und das hat richtig gesessen. Das war alles auf der Bühne... vor den Augen der Talking Heads und der B52's. Ich glaube, die haben alle ge-

dacht, es gehört zur Show.

März 1987

Edge kommt aus Wales, und er ist ein sehr stolzer Waliser. Als ich fünfzehn war, hab ich mich in ein walisisches Mädchen verliebt, und sie hat mich wegen einem Milchmann verlassen. Wahrscheinlich hat sie recht gehabt.

Vor kurzem hab ich festgestellt, daß ich wirklich in dieser Band sein will. Ich will keine Drehbücher schreiben oder Filmmusik, oder irgend etwas anderes tun. Ich will Songs schreiben, sie aufnehmen und damit auf Tournee gehen.

The Edge, März 1988

Wie siehst du selbst dein Gitarrenspiel? Es gibt heutzutage ja eine ganze Menge Leute, die dich nachahmen.
Also, das wird's immer geben, und es ist natürlich schon schmeichelhaft. Aber wer versucht, so zu klingen wie ich, hat meiner Meinung nach nicht kapiert, worauf es eigentlich ankommt. Mich

interessiert, wie neue Gitarristen klingen. Es ist toll, wenn jemand mit was Neuem ankommt. So wie Johnny Marr – was der bei The Smiths gemacht hat, fand ich echt interessant... Ich bin kein Fan von Schallgeschwindigkeits-Gitarristen. Das ist eher Sport als sonst was. Mit Musik hat das eigentlich nichts zu tun... Peter Buck von R.E.M. ist auch gut. Gut in dem Sinne, daß einen nichts, was er macht, vom Hocker haut – bis man es sich ungefähr zwanzigmal angehört hat. Meiner Ansicht nach ist das ein Zeichen für langlebige Musik: daß sie einem erst mit der Zeit gefällt.

The Edge, März 1988

Bono und du, ihr scheint absolute Gegensätze zu sein – er ist laut, geht aus sich heraus, und du bist eher ruhig und zurückhaltend.
Im großen und ganzen stimmt das auch. Er fühlt sich in der Öffentlichkeit wohler. Uns anderen, insbesondere Larry und mir, fällt

es irgendwie schwer, weil wir von Natur aus nicht so gesellig sind. Als wir jünger waren, war Bono das genaue Gegenteil von mir. Ich war in der Schule sehr still. Ich glaube aber, wir hatten den gleichen Humor, und als die Band sich gefunden hat, war es irgendwie natürlich, daß wir uns gut verstehen würden.

The Edge, März 1988

Dieses Jahr war für U2 in gewisser Hinsicht ein gefährliches Jahr. Wir sind jetzt vielen Leuten ein Begriff, so wie »Skippy Peanut Butter« oder »Bailey's Irish Cream«, und vermutlich sind wir dadurch ein Stück weit Allgemeingut geworden; das war vorher nicht so. Und das ist ein bißchen unheimlich, weil wir jetzt das geballte Interesse der Massenmedien auf uns ziehen. Wir haben miterlebt, wie ein richtiger U2-Mythos entstanden ist, und so etwas kann sehr schwierig sein. Bonos Persönlichkeit zum Beispiel wird heute so stark karikiert, daß ich mir ernsthaft Sorgen mache, ob er sich als Texter in dem Maße wird weiterentwickeln können, wie ich es ihm zutraue.

The Edge, März 1988

Adam

Adam war auffallend anders.

September 1980

Adam hat früher so getan, als ob er Baß spielen könnte. Er ist angekommen und hat angefangen, mit Wörtern um sich zu schmeißen wie »Mechanik« und »Bundstab«, und wir waren total baff. Er war der einzige, der einen Verstärker hatte, deshalb haben wir nie mit ihm rumgestritten. Wir haben gedacht, dieser Typ muß ein Musiker sein, er weiß, wovon er redet, und dann eines Tages stellen wir fest, daß er nicht die richtigen Noten spielt... nicht eine einzige Note war richtig!

Februar 1981

Adam ist ein sehr melodischer Bassist. Er spielt nicht die üblichen Baßläufe.

Februar 1982

Adam Clayton... wenn es Adam Clayton nicht gegeben hätte, wäre ich nicht bei U2. Adam Clayton hat Paul McGuinness ausfindig gemacht, unseren Manager, Adam Clayton hat unsere ersten Gigs an Land gezogen. Ich verdanke ihm soviel. Er geht völlig darin auf, bei U2 mitzuspielen. Ein paar Jahre lang wußte ich nicht, ob ich in einer Band sein wollte, und U2 war sich auch nicht sicher. Wir wollten die Band eventuell auflösen. Das war nach *Boy*, das für mich ein tolles Album war. Ich verlor das Interesse. Ich war weniger daran interessiert, bei U2 mitzumachen, hab mich mehr mit anderen Seiten in mir beschäftigt... Ob ich mich jetzt mit einem katholischen Priester aus der Innenstadt unterhalten hab oder mit einem Prediger der Pfingstbewegung, ich habe alles, was sie zu sagen hatten, in mich aufgesogen. Ich hab mich für diese dritte Dimension in mir interessiert, und ich hab gedacht, daß der Rock'n'Roll nur unnötig

Platz einnimmt.

Ich dachte, okay, U2 haben ihre Sache als Band zwar gut gemacht, aber vielleicht würden wir andere Dinge noch besser machen, wirkliche Dinge, wie zum Beispiel uns in den Problemvierteln der Stadt engagieren oder so. Nicht nur auf die Probleme hinweisen, sondern versuchen, sie zu lösen. Wir waren kurz davor, die Band aufzulösen.

Adam war todunglücklich darüber. Er war völlig desillusioniert, weil er sich mehr für eine andere Art von Geist interessierte, wie zum Beispiel Whiskey oder Tequila oder was er eben zwischen die Finger bekommen hat. Mir geht's jetzt gut damit, ich hab mich damit abgefunden, in einer Band zu sein... Ich glaube heute, daß es das ist, was wir am besten können.

März 1987

Adam hat mich buchstäblich am Kragen gepackt und mich auf die U2-Schiene gesetzt. Ich wollte eigentlich nicht in einer Band sein. Ich bin nur wegen dem Klang von E-Gitarre, Schlagzeug, Baß und Gesang drauf abgefahren. Als er dann davon angefangen hat, daß wir richtige Gigs spielen sollten, hab ich nur gedacht: »Wie, du meinst, so'n richtiges Konzert vor anderen Leuten?« Der Gedanke war mir vorher nie gekommen. Aber Adam hat an die Band geglaubt, bevor irgendein anderer es getan hat – er hat schon mit fünfzehn oder sechzehn beschlossen, daß er Rock'n' Roll machen würde.

1988

Irgendwo hab ich mal die Definition gehört, daß ein Künstler jemand ist, der nicht gerne Entscheidungen trifft.

Adam Clayton, Juni 1996

Larry

Meine allererste Erinnerung an Larry ist eine aus der Zeit, als wir gerade angefangen haben: Wir waren zu unserer ersten Probe in der Küche bei ihm zu Hause, und stän-

dig sind Mädchen, Scharen
von vierzehn-, fünfzehnjäh-
rigen Mädchen, über die
Mauer geklettert und haben
durch die Fenster Larry angeschaut. Larry hat sie bloß
angeschrien, sie sollen verschwinden, und ist dann mit
dem Schlauch auf sie los.
Ihm geht's nicht darum, ein
Popstar zu sein. Larry spielt
gern Schlagzeug.

Mai 1981

Viele Leute denken, die
Power kommt von der Gitarre, aber sie kommt eigentlich
von Larrys Schlagzeug.

Februar 1982

Larry ist der ruhende Pol
von U2. Er gibt nie Interviews. Er lebt sein Leben so
weiter, wie er es immer getan
hat. Er genießt es immer
noch, wenn er zu Hause sein
kann, bei seinen Kumpels.

1987

Die Anfänge

Ich war eins von diesen Kindern, die nicht zu bändigen sind. Die Leute haben früher – meine Familie macht das heute noch – ein »Weiche-von-mir«-Zeichen [ein Kreuz mit den Zeigefingern] gemacht, wenn ich reingekommen bin. Sie haben mich schon mit acht den Antichrist genannt.
November 1987

Es gab kilometerlange Warteschlangen, es kam einfach ein Auto nach dem anderen. Da hab ich gekündigt.
Über einen frühen Job als Tankwart, November 1987

Wir wollten unser eigenes Material schreiben, weil wir die Sachen von anderen nicht so richtig hinbekommen haben. Das war das Risiko, das wir eingegangen sind. Am Anfang hat man uns dafür kritisiert, daß wir unsere eigenen Sachen gespielt haben, aber so haben wir Fehler gemacht, und die etablierten Bands nicht. Die haben den sicheren Weg gewählt... Der einzige Weg, den man gehen kann, führt über Fehler.
Dezember 1979

Schon von Anfang an wollten wir etwas, das die Power von The Who hatte und so sensibel war wie zum Beispiel Neil Young; du weißt doch, wie hypernervös er klingen kann, und das haben wir immer gewollt. Musikalisch haben wir's zwar nicht so richtig auf die Reihe gekriegt, aber es war etwas da, etwas, das ich den Funken nenne. Etwas, das du haben mußt. Für uns war dieser Funken der Ausgangspunkt, wir haben nicht versucht, ihn irgendwie hinterher in unsere Musik reinzukriegen. Der größte Einfluß auf unsere Band sind wir selbst – wir beeinflussen uns gegenseitig. Die Einflüsse kommen nicht von außen. Sie kommen von uns selbst, auf jeden Fall.

September 1980

Ich weiß noch, wie wir das erste Mal geprobt haben und ich dachte, daß eine Bewegung entstehen würde, die irgendwo zwischen Flower Power und Boot Boy liegen würde. Ich hab nicht gewußt, was ich da sage, denn was kam, war der Punkrock.

Februar 1981

Das Wichtigste an den Anfängen von U2 ist, daß wir zuerst vier Menschen waren, und dann erst vier Musiker. Als wir angefangen haben, konnten wir keine Instru-mente spielen. Wir haben die Band um das Schlagzeug herum aufgebaut, aber wenn wir dann auf der Bühne gestanden haben, waren wir ein einziges Chaos. Jeden Abend wollten wir alles hinschmei-ßen. Und jeden Morgen sind wir aufgewacht und wollten wieder loslegen.

Ich schätze, wir haben uns wirklich zu ernst genommen, aber unser eigentliches Verbrechen war, daß man mitge-kriegt hat, daß wir uns zu ernst nehmen. Das ist wirk-lich interessant mit dieser Selbstgerechtigkeit – Glaube ist absolut nicht in. Egal, ob's jetzt Glaube an dich selbst ist oder an etwas anderes... »selbstgerecht, belehrend«, das sind die Steine, mit denen wir Leute bewerfen, die sich durchbeißen.

Ich hatte die größte Klappe. Als wir die Band gegründet haben, war ich Leadgitarrist, Sänger und Songwriter. Zu-erst hat niemand den Mund aufgemacht. Aber dann ha-ben sie mich dazu überredet,

31

nicht die Leadgitarre zu spielen, sondern die Rhythmusgitarre; und dann haben sie mir ausgeredet, die Rhythmusgitarre zu spielen, und statt dessen sollte ich nur singen. Und schließlich haben sie versucht, mich vom Singen abzubringen, und ich sollte Manager sein... Aber daran hab ich dann festgehalten. Wahrscheinlich aus Arroganz.

Mai 1983

Was mir wirklich keine Ruhe läßt, ist, daß Ali und ich zwei Jahre in Howth gelebt haben, in so 'nem kleinen Cottage, das wir damals gemietet hatten, in der gleichen Straße wie Phil [Lynott]. Und ich hab ihn ständig irgendwo getroffen, bloß nicht auf der Straße. Jedesmal wenn ich ihn gesehen hab, hat er zu mir gesagt: »Komm doch mal bei mir vorbei, und ich mach uns einen Happen zu essen.« Und ich hab dann immer gesagt: »Du mußt unbedingt mal auf einen Bissen bei mir vorbeischauen.« Wirklich jedesmal. Und ich

hab nie bei ihm vorbeigeschaut, und er nicht bei mir. Das ist mir jetzt wieder eingefallen: Ich hab wirklich nie mal bei ihm reingeschaut.

Ganz am Anfang, als wir im Dandelion Market in Dublin aufgetreten sind, oder in Belfast oder Cork... wir sind ja aus der Punk-Explosion von '77 hervorgegangen, und die Vorstellung, auf einer Bühne zu stehen und ein Star zu sein, hatte für uns Sechzehnjährige etwas Abstoßendes. Vermutlich hat das dann dazu geführt, daß ich, jedesmal wenn ich auf der Bühne stand, das Gefühl hatte, ich muß zugeben, daß es ein bißchen grotesk ist. Wohl aus dem Grund bin ich am Ende immer in der Zuschauermenge gelandet.

März 1987

Als wir angefangen haben, waren diese Showbands die einzigen Bands, die in Irland überhaupt etwas Geld verdient haben. Die haben die Songs von anderen Leuten nachgespielt. Natürlich hatte es mal eine Zeit gegeben, als die Leute nur das irische Fernsehen empfangen konnten und nicht gewußt haben, wie Gerry and The Pacemakers oder die Beatles aussehen. Und dann haben sie diese Typen in ihren roten Anzügen und mit ihrem aufgemalten Lächeln gesehen und sich vorgestellt, das wären jetzt Gerry and The Pacemakers oder die Beatles. So war die Tradition, und jeder hat dagegen rebelliert.

Aber die Verärgerung darüber ist bei mir einer Art Zuneigung gewichen, weil Livemusik in Irland einen größeren Stellenwert hat als in irgendeinem anderen Land auf der Welt: In Irland gehen mehr Leute als sonst irgendwo auf Konzerte und mehr Leute spielen ein Instrument. Und wegen dieser Tradition sind die Iren auch in der Lage, ihr Geld als Musiker zu verdienen.

1988

Es ist fast unmöglich, verheiratet und dabei dauernd auf Tour zu sein, aber dank Ali

klappt das. Ich hab sie fast ein ganzes Jahr lang kaum gesehen. Ich bin nach Hause gekommen, wenn sie wegmußte. Sie ist trotzdem eine sehr starke Persönlichkeit, und sie läßt sich nichts von mir gefallen.

Das Credo

Der Name U2 ist doppeldeutig, er ist so ein Zwischending... wie das Drahtseil, auf dem wir gehen.

Juni 1980

Es geht uns um schöpferische Freiheit. Wenn wir wirklich viel Geld verdienen, interessiert uns daran die Tatsache, daß wir Instrumente kaufen und uns weiterentwickeln können, und nichts sonst. Geld ist mir völlig egal. Wir sind so lange ohne ausgekommen, daß es zum jetzigen Zeitpunkt nicht so wichtig erscheint. Wir haben zur Zeit nicht vor, zu heiraten oder Kinder großzuziehen, das spielt für uns dabei keine Rolle.

Juni 1980

Die Musik von U2 füllt anscheinend eine Lücke. Es ist keine Stadtmusik – sie hat eher was mit Hügeln, Flüssen und Bergen zu tun –, und von daher paßt es eigentlich eher, draußen aufzutreten als in 'nem Club, der einen nur einengt.

Juni 1980

Es kann dir passieren, daß du eher im Kreis gehst als in einer Spirale. Wir sehen eine Spirale als etwas, worin man höher steigen kann. Für mich ist das wie bei einem Turm, um den lauter Leute herumstehen. Wenn du unten stehst, können dich nur die Leute ganz in deiner Nähe hören. Für die weiter hinten mußt du höher klettern.

Es ist aber genauso wichtig, auch diese Leute zu erreichen. Sie haben vielleicht bisher weniger gute Musik gehört, und vielleicht arbeiten sie jeden Tag von neun bis fünf. Ich glaube, es ist wichtig, Erfolg zu haben und ihn immer weiter auszubauen. Du mußt immer weiter klettern. Klettern kann vielleicht zur Routine werden, aber für mich ist es eine Spirale, sie führt dich immer höher. Andernfalls drehst du dich nur im Kreis und klebst am Boden, immer nur auf Tour gehen, dann wieder eine Platte, dann wieder auf Tour, wieder eine Platte…

Juni 1980

Was uns im Moment am meisten beschäftigt, ist die Tatsache, daß wir neunzehn sind, noch nicht als erwachsen gelten. Es gibt viele Leute, die schon jahrelang im Geschäft sind. Sie haben diese ursprüngliche Inspiration aus ihrer Jugend verloren, die Verwirrtheit. Aus dieser Verwirrung heraus kommt eine leise Ahnung von dem, was man für sich selbst zu finden sucht. Das kann eine hochexplosive Zeit sein. Deshalb haben viele unserer Songs mit dieser Art von Kampf zu tun. Ich verwende das Bild des Zwielichts, es ist weder dunkel noch richtig hell. Alles ist grau, die Dinge sind schwer zu erkennen. Die Verwirrung ist soviel größer in dem Alter. Und die ganze Zeit kämpft man dagegen an.

Juni 1980

Vier Leute, vier Individuen, vier Freunde, bevor sie eine Band gegründet haben. Das ist wichtig. Von Studiomusikern, diesen Leuten, die in einer Band mitspielen, ohne in irgendeiner Weise kreativ zu sein, von denen sag ich schon immer, die wollen sich nur einklinken, denen geht's nur um die nächste große Nummer, blablabla. Die ausdruckvollste Musik wird auf natürliche Art geschaffen. Sie ist kein bißchen erzwungen. Sie kommt einfach aus dir raus. Wenn in London eine Band entsteht, treten die auf, probieren mal, was geht, und wenn dann bis zum nächsten Jahr nichts passiert, lösen sie sich auf. Das haben wir schon hinter uns. Wenn wir die Band auflösen wollten, hätten wir das längst getan.

September 1980

Musik hat eine große Bedeutung, aber manche Fans sehen Musik und Musiker noch nicht getrennt voneinander. Musiker sind einfach normale Menschen. Wenn überhaupt, dann ist es die Musik, die außergewöhnlich ist.

Ehrlich gesagt, hat mir U2 in gewisser Hinsicht das Leben gerettet, weil ich im wahrsten Sinne des Wortes nicht einstellbar bin. Ich kann nichts anderes.

Wir haben bereits 'ne Menge gesehen und gelernt. Wir könnten dadurch zynisch werden oder aber eine noch größere Entschlossenheit und den Mut daraus ziehen, uns erst recht nicht einnehmen zu lassen, nicht unterzugehen.

Februar 1981

Ich würde nicht sagen, daß wir über den Rock'n'Roll verbittert sind; wir sind nicht naiv da rangegangen. Es gibt viel Unwahres über den Rock'n'Roll, die Gesellschaft schafft gewisse unmoralische Maßstäbe, denen man entsprechen muß, und auch bestimmte moralische. Aber das ist alles überflüssige Metaphorik. Das gibt's in Wirklichkeit nicht, so ist das Leben nicht. Da laufen keine Mädchen rum, die versuchen, Leute zu vergewaltigen, und man kann sich auch nicht jeden Abend besaufen und sich jeden Tag mit Drogen zudröhnen.

Februar 1981

U2 spielen mit Gitarren, Baß und Schlagzeug auf irgendwelchen Bühnen, sie machen Platten, die im Radio gespielt werden, so wie jeder andere in diesem Musikgeschäft auch. Ich seh eigentlich keinen Grund, weshalb ich sagen könnte: Wir sind etwas anderes, und deshalb werden wir uns heute abend bei unserem Auftritt von einem

Kronleuchter herabschwin-
gen, und das macht uns zu
was Besonderem. Das bedeutet dann nicht, daß du anders
bist. Das bedeutet nur, daß
du versuchst, anders zu sein.
Februar 1981

Unser größtes Problem bei
dem Versuch, ein breiteres
Publikum zu erreichen, besteht darin, daß wir kein be-
stimmtes Aussehen haben,
wir passen nicht in eine
Schublade. Wir sind keine
Ska-Band oder sonst was
Leichtverdauliches. Aber die
Tatsache, daß wir nicht so
leicht zu verdauen sind, bedeutet auch, daß wir im Hals
steckenbleiben, und ein Kloß
im Hals, da gehört doch
schon viel mehr Mumm
dazu. Im Grunde genommen
glaube ich… Ich weiß nicht,
was ich im Grunde genom-
men glaube, aber ich weiß,
daß es eine gute Sache ist,
daß wir nicht so leicht zu
verdauen sind.
Februar 1981

Ich finde nicht, daß uns die
Presse hochgejubelt hat,

denn zufälligerweise bin ich
bei den positiven Sachen, die
sie über U2 sagen, der gleichen Meinung. Das Verhältnis der Musikpresse zu U2
hat für uns zur Folge gehabt,
daß viele Leute angekommen
sind und viel erwartet haben,
aber sie haben auch viel bekommen. Wenn die Leute
ankommen und die Welt von
U2 erwarten, dann werden
sie die auch kriegen. Ich hab
keine Angst davor, daß wir
sie ihnen vielleicht nicht werden geben können.
Februar 1981

Meiner Ansicht nach sind
wir dazu bestimmt, eine der
großen Bands zu sein. Es
gibt so eine gewisse Chemie,
die zum Beispiel die Stones
zu was Besonderem gemacht
hat, auch die Who und die
Beatles, und ich glaube, U2
hat dieses Besondere auch.
Oktober 1981

Wir wissen, was wir sind.
Was wir in dieser Band haben, ist etwas ganz Besonderes. Der Sound ist in gewissem Sinn vielleicht klassisch,

aber er ist unser ureigener. Wir klingen anders als jede andere Gruppe. Unsere Songs sind anders – in ihnen ist Platz für Gefühle, für Spiritualität.

Februar 1982

Es gibt eine natürliche Reibung, eine wunderbare Reibung. Ich glaube nicht, daß unsere Egos auf uns selbst ausgerichtet sind, wir haben Band-Egos. Ich kann zu Edge sagen: »Was du gerade gespielt hast, gefällt mir nicht«, und er sagt dann nicht: »Und mir gefällt nicht, was du gerade gemacht hast«, sondern er sagt: »Du hast wahrscheinlich recht, sonst hättest du's nicht gesagt.«

Februar 1982

Viele Bands, die in »gefährlichen« Bereichen rumwühlen, tun das auf eine so offensichtliche Art und Weise. U2 brauchen das nicht. Wir können Angst und Liebe zum Thema machen als Teil eines ganzen Spektrums von Gefühlen.

Februar 1982

Bei U2 geht's nicht um Mode. Wir möchten nicht in Mode sein, weil »in« sein heißt, daß man auf dem besten Wege ist, »out« zu sein.

Februar 1982

Ab einem gewissen Punkt wird »Fashion« zu Faschismus. Ich finde aber, daß die Leute sich immer so zeigen sollten, wie sie wollen.

Februar 1982

U2 sind was Natürliches, wir sind wirklich nur vier Leute – mit einer sehr starken Bindung zueinander, das ist wie eine Art Liebe innerhalb der Band, die sich auf die Crew überträgt; sie reicht bis zu unserem Tontechniker, bis ins Management, sogar bis in die Plattenfirma hinein und greift dann auch aufs Publikum über.

Februar 1982

Große Musik sollte in der Lage sein, Schranken zu durchbrechen, Klassenschranken, alle Arten von Schranken.

Februar 1982

Als Band haben wir ein riesiges gemeinschaftliches Ego. Es trägt uns. Jedenfalls glaub ich nicht, daß ich ein guter Bankangestellter wäre. Oder ein Hotdog-Verkäufer. Vielleicht wäre ich ein guter Präsident.

Februar 1982

Als Garagenband haben wir daran geglaubt, daß man so sein muß, wie man ist, daß man das tun muß, was man will. Rebellion muß in einem selbst anfangen. Unsere Musik beugt sich vielleicht nicht der Vorstellung anderer, wie sie zu sein hat, aber sie muß als individuelle Meinung respektiert werden. Als eine Weigerung, aufzugeben, woran man glaubt.

Februar 1982

Meine Einstellung ist: »Na und?« Wir haben trotzdem mehr Platten verkauft als die meisten »Hitsingle«-Bands. Wir haben unser Publikum mehr mitgerissen. Aber vielleicht ist es wirklich an der Zeit, mehr an den Erfolgsaussichten unserer Singles zu

feilen. Wir haben die Melodien einer großen Popband. Aber wir haben nicht ihre Strukturen. Oder Hitsingles.

Februar 1982

Ich bin mal gespannt, was für Spuren Bands wie unsere oder The Jam auf lange Sicht hinterlassen. Unsere Gefühle sind nicht einfach glänzende Wegwerfprodukte. Manche Leute haben *A Day Without You* als Wirklichkeitsflucht angesehen, aber es ging um Selbstmord. Ich erwarte von den Leuten nun wirklich nicht, daß sie mit Messer und Gabel in unserem Material rumstochern, aber...

Februar 1982

Kann gut sein, daß wir die Zukunft des Rock'n'Roll sind... na und?

März 1982

Rockmusik kann ein sehr einflußreiches Medium sein, und wenn man sich das zunutze macht, um etwas Positives zu bieten, dann kann sie einen sehr aufbauen. Wenn du aber auf der anderen Seite deine Songs dazu verwendest, Verbitterung und Haß auszudrücken, dann legt sich eine Düsterkeit über alles.

Februar 1983

Ich denke, es gibt in dieser Band ein gewisses Verständnis, eine gewisse Fähigkeit, menschliche Emotionen wahrzunehmen und sie auf ehrliche Art offenzulegen. In den Charts gibt's einen Haufen Songs voller Klischees. Die Fiktionsfabrik liebt es, am laufenden Band oberflächliche Songs über die ewig gleichen Themen zu produzieren. Und da machen wir einfach nicht mit. Das klingt vielleicht selbstverliebt, aber ich denke, wir bewahren uns immer unsere Ehrlichkeit.

Februar 1983

Wir wollen einen fairen Zweikampf. Unsere Ausrüstung, Gitarre, Baß und Schlagzeug, ist gut dafür geeignet, den Leuten mal so eine richtige Ohrfeige zu verpassen. Wir haben bewußt diese Besetzung gewählt,

auch wenn viele Leute sie schon vor ein paar Jahren für überholt erklärt haben. Sie paßt zu uns. Wir glauben, daß Leidenschaft wichtiger ist als Technik. 1975 hat sich alles um Stil und Technik gedreht. Herbie Hancock und Jazzrock, und 1982 war's so ziemlich das gleiche mit Gruppen wie Level 42. Ich glaube, wir brauchen wieder so 'ne Ohrfeige wie die, die wir 1976 bekommen haben. Diese elitäre Geschichte muß wieder zerschlagen werden.

Es ist so wie in Orwells *Farm der Tiere*. Die Schweine sind alle zu Bauern geworden. Die Bands, die zur gleichen Zeit wie wir angefangen haben, die Garagenbands von 1976, sind jetzt alle auf dem Startrip. Die nehmen den Platz der Leute ein, die sie früher niedergemacht haben. Es sind entweder intellektuelle Scheißer oder arrogante Lackaffen.

Februar 1983

Die Leute sehen vier Jungs in uns, die aus ihrer Heimatstadt Dublin herausgerissen wurden und jetzt in der weiten Welt umhergetrieben werden. Und wir gewinnen auch noch. Wir schlagen die Geschäftsleute bei ihrem eigenen Spiel, weil wir die USA »zu unseren Bedingungen« erobern. Wir sind vielleicht nicht die Band der Woche, aber das wird uns nie stören.

Februar 1983

Wenn du dir U2 anhörst, dann hörst du die vier Leute, die daran beteiligt sind. Da gibt's keine Maske. Wir sind U2.

Februar 1983

Die Hoffnung in der Musik kommt von der Hoffnung, die in der Band steckt. Ich glaube, es ist an der Zeit, mit deinen spirituellen Waffen zurückzuschlagen – aus deinem tiefsten Innern heraus. In dieser Band ist ein starker Glaube.

Juni 1983

Manchmal, wenn wir Songs schreiben, haben wir das Gefühl, daß wir eigentlich nur

Kanal für irgendeine schöpferische Kraft sind. So wie Schriftsteller manchmal sagen, es liegt in der Luft. Sie greifen sich die Dinge im wahrsten Sinne des Wortes einfach aus der Luft.

Oktober 1984

Ich lese seit einer Weile wieder die Musikzeitschriften, und mir ist aufgefallen, daß es zwei deutlich zu unterscheidende Typen von Musikern gibt, die mit der Presse reden. Es gibt die Leute, die sagen: »Hört euch mal diese wundervolle Musik an – bin ich nicht toll?« Und dann gibt es die, die sagen: »Hört euch mal diese wundervolle Musik an – ist sie nicht toll?« Wir gehören auf alle Fälle zu letzteren.

Oktober 1984

Es liegt eine gewisse Gefahr darin, Sprecher für deine Generation zu sein, wenn du nichts anderes zu sagen hast als: »Hilfe.« Das ist eigentlich alles, was wir mit unserer Musik sagen. Dort heißt es nie: »Also, Leute, jetzt

41

geht's los: Das hier ist unser Plan...« Es heißt immer: »Wo ist der Plan?«

Oktober 1984

Die Leute klagen uns an, weil wir »alte« Musik machen, und das geht mir tierisch auf den Keks. Warum sind sie so darauf bedacht, das Gesicht der Musik zu ändern, wo doch das Gesicht eigentlich nur eine Außenansicht ist? Nimm zum Beispiel Bruce Springsteen, der arbeitet innerhalb des traditionellen amerikanischen Rock'n'Roll, und er sagt so viel mehr als so viele andere Leute. Er sagt mit einem Schrei mehr als viele andere Leute mit ganzen Seiten voller Wörter. Nimm Van Morrison. Er macht Soulmusik, und manche Leute haben versucht, ihn abzuschreiben, aber sie haben's mit Sicherheit nicht geschafft. Dieser Mann – das ist ein Genie!

November 1984

Ich glaube, 'ne Band wie wir braucht mal so richtig was hinter die Ohren, einen rich-

tigen Tritt in den Hintern, Rock'n'Roll-Bands brauchen das ab und zu.

Januar 1985

Wenn du längere Zeit mit uns auf Tour wärst, und du würdest uns in einer Krise erleben oder etwa mitkriegen, was für Dinge so um uns rum ablaufen... Wie sagt man so schön, es gibt zwei Häuser, das eine ist auf Sand gebaut, das andere auf Stein. Aber erst wenn die Flut kommt, sieht man, was man hat... Da ist etwas, das haben wir uns innerhalb der Band erkämpfen müssen, und es ist da.

Wir alle wissen, daß es da ist, eine echte Liebe füreinander und für das, was wir tun. Da brennt eine Flamme, und *Indian Summer Sky* ist unser Song darüber. Es gibt Zeiten, da kommt's einem vor, als wäre sie fast verloschen, aber sie ist immer noch da. Man kann sie vielleicht nicht sehen, aber sie ist da, und sie kann zu einem richtigen Waldbrand auflodern; das hängt davon ab, was um uns herum passiert.

Januar 1985

Wir haben uns während der letzten drei, vier Jahre deshalb etwas von der Presse zurückgezogen, weil wir das Bedürfnis hatten, uns von vielen anderen Bands, die's so gab, abzugrenzen, die alle nur zu froh waren, auf den Titelseiten der Teenieheftchen zu erscheinen. Kaum hatten sie eine Single auf dem Markt, waren sie schon im *Melody Maker* und haben sich drüber ausgelassen. Das war eine leicht vorhersagbare Fließbandgeschichte.

Wir haben uns da ganz rausgehalten, und wir waren uns sicher, daß unsere Fans unsere Haltung zu dem Ganzen respektieren würden, aber ich merke, es ist irgendwie auch nach hinten losgegangen, denn es hat so ausgesehen, als ob wir uns nicht nur vom Musikbusiness, sondern auch von unserem Publikum zurückziehen würden. Und ich glaube, zu einem gewissen Zeitpunkt war die einzige Stimme, die

zu hören war, die unserer Kritiker – die Darstellung unserer Band ging schon in Richtung Cartoon, mit uns als Cartoonfiguren. Ich hab mir immer die Person angeschaut, die ich sein sollte, und ich hab mich nicht wiedererkannt.

Die wirklichen Menschen, die zur Band gehören, The Edge, ich, Larry und Adam, wir sind uns bei alldem völlig hilflos vorgekommen, und ich glaube, aus dem Grund haben wir unsere Situation noch mal überdacht und gesagt: »Moment mal!« Was für 'ne Figur geben wir eigentlich ab?

Januar 1985

Wir lassen es nicht zu, daß die Leute in unserem Beisein Witze reißen. Wer von der Crew je mit einem Lächeln auf dem Gesicht gesehen wird, der darf gehen.

Mai 1985

Wir sind das genaue Gegenteil von diesen großen Rock'n'Roll-Bands. Der Kreis hat sich mit uns nicht

43

geschlossen. Wir sind eine Garagenband, die weg ist aus'm Garagenland. Wir sind die ersten aus dieser Bandgeneration, nicht der Clash- und Sex-Pistols-Generation, sondern der Generation, die ihr Publikum ausgemacht hat.

Juni 1985

Warum wir zusammengeblieben sind? Aus Angst vor unserem Manager!

Februar 1987

Manche Musiker haben gerade so getan, als ob wir sie verarschen würden, wenn wir sie gefragt haben, wie c-Moll geht.

März 1987

Lou Reed hat neulich in einem Interview gesagt, daß U2 alles etwas anders angehen. Ob's jetzt unsere Organisation ist, unsere Roadies, unsere Einstellung zum Geld. Das alles wäre bei uns anders...

März 1987

In der Vergangenheit haben U2 kaum Songs geschrieben.

Wir haben innerhalb eines Sounds gearbeitet und einfach dran rummanipuliert – improvisiert, gejammt, an Struktur und Klangfarbe gearbeitet und dann einen Text dazu gebastelt.

März 1987

Als wir letzte Woche in Los Angeles ein paar von Dylans Songs gespielt haben, hab ich zu ihm gesagt: »Weißt du, diese Songs wird's ewig geben.« Und er hat dann gesagt: »Mann, eure Songs wird's auch ewig geben – bloß wird sie niemand spielen können!«

Juli 1987

Man kann uns sicherlich vorwerfen, daß wir uns und unsere Musik zu ernst nehmen. Wir sind die Band, die entweder naiv oder dumm genug ist, den Rock'n'Roll ernst zu nehmen. Aber wir versuchen nicht, eine Religion daraus zu machen.

November 1987

Überall in Amerika haben die Leute diese Clubs auf die Beine gestellt, wo sie U2-

44

Platten hören und tatsächlich Postkarten für Amnesty schreiben. Wenn man in so einem kleinen Rahmen so etwas anregen kann – das ist doch mehr, als man sich wünschen kann. Mehr wünsche ich mir gar nicht.

November 1987

Als der »Save The Yuppies«-Gag [Rettet die Yuppies] hier in den Nachrichten war, hat ihn so ein Typ mit den Worten angekündigt: »U2, die sich früher für Obdachlose und die Hungernden und so weiter und so fort eingesetzt haben, machen jetzt dies...« Die haben das geglaubt: Die haben gedacht, wir meinen das ernst. Wir haben fürchterlichen Ärger bekommen.

Dezember 1987

Zu Hause haben wir ein Büro, das sich sehr ernsthaft mit allen Bitten um unsere Zeit und unser Geld befaßt. Wir haben unsere eigenen klaren Vorstellungen; wir verteilen das Geld wieder, das wir verdienen, und zwar auf unsere eigene Weise, das

bleibt unter uns. Niemand wird je davon erfahren. Wenn wir da keine klaren Grenzen ziehen würden, dann wären wir jeder Art von mißgünstigen Gefühlen ausgeliefert, wären Spielball der diversen Randgruppen, die immer wieder bei uns anklopfen. Die Anbetung des Geldes ist ein seltsames Phänomen.

Dezember 1987

Wir haben früher geglaubt, daß alles möglich wäre. Heute glauben wir, daß einiges möglich ist.

Dezember 1987

Es ist nicht wichtig, die bedeutendste Band der Welt zu sein. Es ist wichtig, die beste zu sein.

1987

Die Leute schauen sich U2 an und sehen jede Menge lautere Motive – aber ursprünglich haben wir aus äußerst unlauteren Motiven mit der Band angefangen.

1988

Es ist das alte Klischee – wir wollen alles, und wir wollen es sofort. Das Problem bei einer Band ist, es gibt keine Berge, auf die du nicht klettern wirst, und natürlich wirst du dann eines Tages schließlich auf dem falschen Gipfel landen und dort deine Energie verschwenden. Pete Townshend von The Who hat ganz am Anfang zu mir gesagt, daß wir auf viele Nebenstraßen stoßen würden, aber die sollten wir nicht nehmen. »Du machst das Beste, was es gibt«, meinte er, »du spielst in 'ner echten Band.«

1988

Wir haben vor, solange Musik zu machen, bis wir den Leuten zum Hals raushängen. Inzwischen ist es uns einfach egal. Wir haben nichts zu verlieren.

1988

Es gibt eine Menge Scheiße da draußen. Doch heute denke ich, daß man besser darauf herumschlittern sollte, als darin herumzuschwimmen.

* März 1997

Ich nehme natürlich gerne an, daß die Leute, die unsere Platten kaufen, etwas heller im Kopf sind als andere. Die brauchen uns nicht, um mit ihrem Leben klarzukommen. Aber wir können ihnen beschreiben, wie wir leben, was wir fühlen und was wir denken. Ich kann unseren Erfolg nur genießen, wenn ich versuche, etwas Positives damit zu schaffen.

* März 1997

Religion

Ich finde, die Kirche ist ein großes Problem.
Februar 1981

Das ist nicht alles, woran wir glauben, und nicht jeder in der Band glaubt auf die gleiche Art. Es gibt Dinge, über die ich einfach nicht sprechen möchte. In der Musik spreche ich darüber, auf der Bühne zeigt sich, wie ich zu verschiedenen Dingen stehe. Auch wenn's bei manchen Dingen nicht gut kommt, wenn andere Leute sie indirekt ausdrücken.
Februar 1981

Ich weiß nicht viel über Religion, aber ich bin Christ.
Über ihren Song »Gloria«, 1982

Ich glaube, die Leute begreifen jetzt, daß ich nicht religiös bin, sie begreifen, daß ich fast ein Religionsgegner bin… Wenn ich von Religion spreche, dann meine ich damit die Macht, die dieses Land zweigeteilt hat. Ich bin überhaupt nicht religiös, aber mein Glaube an Gott ist sehr stark, und ich glaube nicht daran, daß wir einfach so aus dem Nichts explodiert sind. Daran kann ich nicht glauben.
Februar 1982

Ich denke, es ist gerade die spirituelle Kraft, die für die Band unentbehrlich ist. Die Leute müssen ihren eigenen Weg finden. Ich geh nicht hin und sage: »Hey, ihr solltet

euch für Gott interessieren!«
Mein eigenes Leben ist aufre-
gend, weil ich etwas Be-
stimmtes spüre, erlebe, und
ich finde, es hat keinen Sinn,
über etwas zu reden, das es
in jedem Leben ohnehin geben sollte. Man muß nicht
darüber predigen.

Februar 1982

Bei uns lief früher diese
Nummer – so wie John Len-
nons Spruch über Pete Best:
»Er ist kein Beatle.« Wir sind
zwar alle Beatles, aber wir
sind auch vier völlig verschiedene Leute. Drei von
uns sind Christen, und
Adam ist keiner. Das bedeutet aber nicht, daß wir je zu
ihm sagen würden, du ge-
hörst nicht dazu.

Februar 1982

Ich spüre diesen Hunger in
mir... Überall, wo ich hin-
schaue, sehe ich den Beweis
für die Existenz eines Schöp-
fers. Aber für mich hat das
nichts mit Religion zu tun,
die das irische Volk in zwei
Lager gespalten hat. Für
mich steckt Jesus Christus in

keiner Religion. Religion ist
für mich fast etwas, bei dem
Gott fehlt – und die Leute
erfinden einen Haufen Re-
geln, um die Lücke zu füllen.

Februar 1982

Als Christus auf der Erde
war, hat er seine ganze Zeit
mit normalen Menschen ver-
bracht und versucht, ihnen
etwas zu geben. Für mich
gibt es kein Publikum, das
voller Antichristen steckt,
man muß unter die Oberflä-
che schauen. Sonntags in der
Kirche findet man wahr-
scheinlich mehr davon. Das
Publikum kann einfach nicht
anders, als diese spirituelle
Seite wahrnehmen. Sie keh-
ren sie normalerweise nur
unter den Teppich, aber in
ihren Köpfen ist sie da.

Februar 1982

Ich habe Angst, aber ich stehe der Zukunft weder zy-
nisch noch pessimistisch gegenüber, und das hat wohl zu
einem großen Teil mit meinem Glauben zu tun. Ich
glaube daran, daß es Gott ist,
der mir die Kraft gibt, am

Morgen aufzustehen und mich der Welt zu stellen. Ich glaube daran, daß es eine Logik hinter allem und einen Grund für alles gibt. Wenn ich nicht daran glauben, sondern alles für Zufall halten würde, dann hätte ich wirklich Angst. Ich würde nicht mal über die Straße gehen, aus Angst, überfahren zu werden.

Februar 1983

Ich denke mir immer, daß ich in der Katholischen Kirche genauso zufrieden wäre wie in der Protestantischen.

Juni 1983

Die Leute würden unsere Überzeugungen gern zur Sensation hochstilisieren, so daß sie schließlich mehr bedeuten. Drei von uns sind engagierte Christen. Wir leugnen die Art von Glaube, nach der der Mensch nur ein Tier auf einer höheren Entwicklungsstufe ist und keine Seele hat. Ich denke, wenn die Menschen anfangen, das zu glauben, dann ist die wahre Achtung vor der Mensch-

heit dahin. Du bist dann nur ein Rädchen im Weltgetriebe, nur eine Ansammlung von Molekülen. Das ist schon mal der halbe Grund für einen Großteil des ganzen Pessimismus, den es auf der Welt gibt.

Juni 1983

Ich habe wirklich so ein Gefühl, daß ich nicht genüge, die ganze Zeit… Ich schaffe es nicht, der Christ zu sein, der ich sein will.

Kannst du dir vorstellen, wie das ist, an Christus zu glauben und sich mit dem Christentum so unwohl zu fühlen? Die Kirche ist ein leerer, hohler Bau. Sie ist das Gebäude. Die traditionelle Kirche ist das Gebäude des Christentums. Es ist so, als ob der Geist Gottes den Ort verlassen hätte und nur noch die Säulen aus Regeln und Vorschriften übrig wären, um das Dach oben zu halten. In der Nähe von organisierter Religion reagieren wir immer klaustrophobischer. Ich hab früher gedacht, ich

49

könnte in eine protestanti-
sche oder katholische oder
sonst irgendeine Kirche gehen und mich eins mit mir
und der Umgebung fühlen.
Aber wir sind… Gerade so,
wie wir Außenseiter in der
Musikszene sind, sind wir
anscheinend Außenseiter in
allen anderen Bereichen. Wir
stehen von allen Seiten unter
Beschuß. Es ist, als würden
wir auf einem schmalen Grat
gehen, und wenn wir einen
Schritt zur Seite tun würden,
egal auf welche, würden wir
verdammt tief fallen. Und
ich weiß nicht, wie wir es
schaffen, daß wir noch da
oben sind. Aber wenn man
zuviel drüber redet, schadet
das dem Ganzen nur.

Januar 1985

Wir reden nicht über unsere
persönlichen Überzeugun-
gen, weil es schon zuviel Ge-
rede gibt. Du machst [in
Amerika] den Fernseher an,
und schon siehst du irgendei-
nen Typen, der aussieht wie
ein Neonazi, mit einer Bibel
in der Hand, und seine Faust
kommt fast aus dem Bild-

schirm raus, er streckt sie bis
in das Zimmer, wo du gerade
sitzt und zuschaust. Der Ab-
spann läuft, und dann folgt
der Spendenaufruf. Kannst
du dir vorstellen, wie man
sich da fühlt? Ich zum Beispiel, ich kann mich gerade
noch soweit beherrschen,
daß ich den Fernseher nicht
aus dem obersten Stockwerk
des Hotels werfe. Es hat uns
gelehrt, die Klappe zu halten.
Wir haben uns vorgenom-
men, nicht die Band zu sein,
die über die Liebe redet, sondern die Band, die ihre Musik liebt und die Leute, die
sich von der Musik angezogen fühlen. Vielleicht sogar
auch die, denen die Musik
nicht so liegt. Aber sogar das
klingt großkotzig. Wenn man
in 'ner Band ist, kriegt man
regelrecht Platzangst.

Januar 1985

Die Leute erwarten von dir
als einem, der gläubig ist, daß
du alle Antworten hast, dabei findest du in Wirklichkeit
nur eine Reihe neuer Fragen.
Kein Zweifel – *The Unforgettable Fire* hat mich tie-

risch geschlaucht, und ich hatte eine Phase, in der ich viele Dinge neu bewertet habe. Ich glaube, wenn *Still Haven't Found What I'm Looking For* gelungen ist, dann gerade deshalb, weil es nicht auf die gleiche Art positiv ist, wie sonst bei Gospelsongs üblich. Der Song ist rastlos, und trotzdem steckt irgendwo immer noch eine aufrichtige Freude darin. Irgendwo in dem Wechselspiel zwischen der Stimme und Edges Gitarre. Wahrscheinlich bin ich glücklich darüber, unglücklich zu sein.

März 1987

Man hat uns mal gebeten, eine Audienz beim Papst in die Wege zu leiten. Uns wurde gesagt, der Papst wolle U2 kennenlernen. Wir haben uns gedacht: »Das ist ja lustig. Er hat wohl *Gloria* gehört.« Es gab also diese Anfrage, und wir haben gesagt: »Na schön, wir treffen uns mit jedem.« Ich hab mir gedacht: »Gut, ich werd den Papst treffen, mal die Verwandtschaft beeindrucken.« Einerseits bin

ich von ihm angetan, weil er Pole ist und ich die Polen mag, und er hat ein gutes Herz, aber auf der anderen Seite ist er sehr konservativ, manche würden sagen, er hat die Katholische Kirche um einige Jahre zurückgeworfen. Schließlich hab ich dann gesagt: »In Ordnung, wir treffen ihn privat.« Darauf dann die Antwort aus dem Vatikan: »Keine Presse? Keine Publicity? Aber ganze Sinn von die Sache!« Ich hab dann nur gemeint: »Tut mir leid, Kumpel, stell dich hinten an, bei all den anderen.«

März 1987

Das war wirklich toll. Das hat mir echt Spaß gemacht, so durch den Vatikan zu gehen, und mein alter Kumpel meint die ganze Zeit nur: »Eines Tages könnte das alles mir gehören!«

Über den Besuch von MacPhisto im Vatikan

Wenn ein Mann mich anquatschen und sagen würde, er wäre Jesus Christus, dann würde ich ihn ins Unterge-

schoß schicken, wo's die Schnäppchen gibt. Schließlich leben wir im 20. Jahrhundert, und da kann man nicht mit den Schlappen rumlaufen, wie er sie früher getragen hat. Ich würd ihm sagen, er ist im falschen Supermarkt. Bei Safeways sind die Preise minimal. Auf einer etwas ernsteren Ebene würd ich meinen, daß man Jesus Christus, wenn er heute auf der Erde wäre, wahrscheinlich in einer Schwulenbar in San Francisco finden könnte. Er würde mit Leuten arbeiten, die Aids haben. Diese Leute sind die Leprakranken von heute. Es ist genauso wie damals, zwischen vor und nach Christus. Faß sie bloß nicht an, laß sie einfach stehen. Wenn du herausfinden willst, wo Jesus sich rumtreiben würde, dann heißt die Antwort immer, bei den Leprakranken.
Dezember 1987

Die neuen Fundamentalisten sind total gefährlich. Um es mit den Worten eines Predigers zu sagen: »Ich bin so

neugierig gewesen, ich hab schon das Ende gelesen«, und deshalb weiß ich, daß die Guten am Ende gewinnen werden. Aber bis dahin ist alles in der Hand der Bösen, und in der Zwischenzeit wird Religion zur Industrie – etwas, das mit McDonald's mehr gemein hat als mit mir.
Dezember 1987

Ich bin gläubig, ich bin immer noch gläubig, aber mir gefällt der Kontext nicht, in dem mich die Leute sehen.
Dezember 1987

Ich hab mal bei einem Besuch in einer Nervenklinik einen Typ getroffen, der sich als Jesus Christus vorgestellt hat. Ich hab nur gesagt: »Kennen wir uns nicht irgendwoher?« Er hat nichts darauf gesagt. Ich hab ihn gefragt, warum er, der Sohn Gottes, in einer Nervenklinik ist? Er meinte: »Das sind meine vierzig Tage und vierzig Nächte in der Wüste.« An der Stelle konnte ich nicht mehr vor Lachen. Ich hab ihn gefragt, wann das

Ende der Welt kommen würde. Er sagte, am ersten April. Ich dachte mir: »Klasse, schreib ich mir mal mit Bleistift in den Terminkalender. Der Weltuntergang als Aprilscherz. Perfekt.«

Dezember 1987

Wirklich, an den besten Songs schreibt Gott mit!

1987

Die einzige Musik, die mich interessiert, ist Musik, die entweder auf Gott zuläuft oder von ihm weg.

In all unseren Songs geht's um Gott und Frauen, und häufig verwechseln wir die beiden miteinander.

Ich bin nie besonders religiös gewesen. Das ist nicht mein Ding. Aber ich bin gläubig, und das ist eine sehr wichtige Sache in meinem Leben. Es ist schwierig, darüber zu sprechen, denn sobald man das tut, messen einen die Leute daran. Ich war schon immer der Meinung, daß ich keine besonders gute Werbung für den Glauben an Gott bin, und ich versuche die Klappe zu halten, wenn die Sprache darauf kommt, und das ist auch genau das, was ich jetzt tun werde. Aber es bedeutet mir sehr viel, und das war schon immer so. Ich hab mal 'nen Spruch auf einer Wand gesehen. Der hieß: »Gott ist tot – Nietzsche«, und darunter stand: »Nietzsche ist tot – Gott.«

Die Leute können von mir aus meinen, was sie wollen, aber es gibt auch eine Denkrichtung, nach der der Glaube in der Kunst nichts zu suchen hat – und dagegen wehre ich mich.

Irland

Der Verkehr hier in London ist echt rasant – die Ampel wird grün, und wutsch! schon sind sie weg. In Dublin husten sie, kratzen sich, und dann geht's erst los. Es ist, als würde sich Dublin in einer permanenten Gelbphase befinden.

November 1979

Nordirland hat mich früher überhaupt nicht berührt. Das ist mir irgendwann mal klargeworden. Und dann hat's angefangen, mich richtig mitzunehmen. Auf einmal war mir von der ganzen Situation kotzübel. Mir war übel von der Tatsache, daß mir die Gewalt dort, obwohl ich nur fünfzig Meilen davon entfernt gelebt hab, aus den Augen war und deshalb aus dem Sinn. Es störte mich nicht. Was ging mich das an?

Es ist mir egal, ich bin kein politischer Mensch, Politik interessiert mich nicht; ich verabscheue sie. Erst dadurch, daß ich mit Leuten gesprochen hab, die von der Situation im Norden direkt betroffen waren, habe ich begriffen, daß das Realität ist. In Nordirland herrscht Krieg. Es ist ein Krieg. Egal, auf welcher Seite du stehst. Und ich will nicht für irgendeine Seite Partei ergreifen. Ich glaube nicht, daß es eine wirkliche Lösung gibt. Es gehört einfach zu dem Problem, ein Mensch zu sein. Wir sind alle gewalttätig. Aber solche Dinge sind mir damals bewußt geworden: daß mir das vorher nicht bewußt gewesen war.

Es ist komisch, daß ich eigentlich erst in diesem Jahr, in dem ich die meiste Zeit über weg war, angefangen habe, es mit anderen Augen zu sehen. Die altbekannte Situation: Erst wenn du von etwas getrennt bist, das für dich selbstverständlich war, fängst du an, darüber nachzudenken. Und auf dieser Ebene hab ich jetzt angefangen, mir so meine Gedanken darüber zu machen.

Mai 1981

In Irland hat Livemusik Tradition. Hast du gewußt, daß die Iren mehr Geld für Konzerte ausgeben als irgendwer sonst auf der Welt? Das geht alles auf die irischen Showbands zurück. Das sind Bands, die durchs Land ziehen und Interpretationen von populärer Musik zum besten geben. Als wir im Land herumgereist sind, haben wir unsere eigenen Sachen gespielt, und das ist den Leuten richtig aufgefallen.

Für die Kids ist es so schwierig, auf Konzerte zu gehen. Die meisten Konzerte finden an Orten statt, wo man nur reinkommt, wenn man über achtzehn ist, manchmal auch erst ab zwanzig.

Als wir mit Spielen angefangen haben, war die ganze Band minderjährig; also haben wir Open-Air-Konzerte veranstaltet. Da gab's zum Beispiel diese Samstagnachmittag-Konzerte auf einem Parkplatz. Wir haben ihn morgens um zehn immer gefegt, und trotzdem waren da immer noch richtige Staubwolken, wenn wir auf der Bühne standen. Aber es war phantastisch; 700 Leute haben sich da gedrängt, die Bühne ist fast zusammengebrochen, und dabei ist immer wieder der Strom ausgefallen. Jedesmal, wenn der Strom weg war, haben wir einen aus dem Publikum auf die Bühne geholt, einen, der die ganze Zeit über rumgejohlt hatte, und der hat sich dann mit allen unterhalten. So haben wir die Zeit überbrückt. Es ist verrückt, daß es keinen anderen Ort gibt, wo man auftreten kann. Für alle anderen Künste gibt's Förderung, aber Popmusik wird nicht für so wichtig gehalten. Dabei fahren doch die meisten jungen Leute wirklich gerade darauf ab.

Mai 1981

Die Iren stehen nicht auf Schnickschnack. Designer-Jeans sind irgendwie nicht ihr Ding, weißt du? Sie sind eher ein Menschenschlag, der mit beiden Beinen auf dem Boden steht, und ich glaube, sie durchschauen den ganzen Modeschwindel ziemlich schnell. Die Iren sind auch sehr aggressiv, was schon mal den Grundstein legt für guten Rock'n'Roll.

Februar 1982

Wir möchten uns zu Hause fühlen. Ich komm mir zwar nicht vor wie ein Roy Rogers, einer, der Unrecht wiedergutmachen kann, aber trotzdem empfinde ich wirklich eine persönliche Zuneigung zu jedem einzelnen Menschen in Dublin.

Februar 1982

Wenn du durch Dublin gehst, kannst du fünf- oder sechsjährige Knirpse sehen, die zu 'nem Polizisten hingehen und aus einer Tüte Klebstoff schnüffeln, so als ob sie sagen wollten: »Guck mal, was ich hier mache.«

Februar 1982

Viele Leute kommen mit unserer Zeit nicht zurecht und flüchten sich zum Beispiel in schweren Drogenmißbrauch. In der Gegend von Dublin, in der ich wohne, gibt es fünfzehnjährige Kids, die Heroin nehmen. Für £10 gibt's 'n kleinen Zehnerpack zu kaufen. Viele Leute werden einfach nicht damit fertig.

Februar 1983

Erst als wir nach Amerika gegangen sind, haben wir uns über Irland Gedanken gemacht. Du denkst einfach nicht drüber nach, bis irgendwann Leute Geld auf die Bühne werfen; das war während dieser Sache mit Bobby Sands und dem Hungerstreik. Ich dachte, dieser

Typ muß echt mutig sein, aber wozu? Wozu so mutig sein? Wozu sterben? Irgendwas hat für mich daran nicht gestimmt. Und die Leute haben gerufen: »Ja, du bist Ire!« Aber diese Leute haben alles an Irland schwarzweiß gemalt, und ihnen war dabei nicht klar, daß alles grau war. Aber ich glaube, heute wissen sie eher Bescheid. Und seit ich nach *War* mit ein paar Leuten geredet hab, glaube ich, daß wir zu diesem Verständnis ein bißchen beigetragen haben.

Oktober 1984

Ich hab's schon mal gesagt, aber erst als ich nach Amerika gegangen bin, war mir klar, ich bin Ire. Erst vor kurzem hab ich damit begonnen, die Tradition der irischen Musik für mich zu entdekken. Ich bin zwar mit Gruppen wie den Dubliners aufgewachsen, aber ich habe mich von dieser Art Musik abgewendet. Ich habe sie hinter mir gelassen, weil für mich der Rock'n'Roll das Nonplusultra war: *Ziggy*

Stardust And The Spiders From Mars, Patti Smith – all der traditionelle Scheiß hat mich nicht interessiert.

1988

Ich würde gern ein vereintes Irland erleben, ich denke doch, es ist *eine* Insel. Die Leute sagen dann: »Kannst du an etwas stark genug glauben, um dafür zu sterben?« Wenn ich an etwas glaube, ist mein Glaube stark genug, um dafür zu leben. Der Glaube dieser Leute besteht darin, andere umzubringen. Ich bin einfach gegen diese allgemeine »Bist du nicht auf meiner Seite, schieß ich dir ein Loch in den Kopf«-Stimmung. Mit meinem protestantischen Vater und meiner katholischen Mutter weiß ich, wie grau das Ganze ist. Es ist für keine Seite leicht.

Oktober 1984

Wenn du aus Irland kommst, bist du von Haus aus ein bißchen [aggressiv]… da fragt dich einer was, und zack!, schon hat er eine sitzen, und so was haben manche dann schon als etwas heftig empfunden. Aber ich hab nie mit dem Finger auf jemand gezeigt, nur auf mich selbst. Manchmal hört man vielleicht etwas Warnendes in meinem Tonfall, aber ich klage nie an.

November 1984

Ich weiß nicht soviel über Politik, aber ich kenn mich ein bißchen mit Menschen aus. Und ich hab bei Dr. Garrett Fitzgerald, der heute in diesem Land Premierminister ist, eher auf den Menschen als auf den Politiker reagiert. Ich hab ihn nämlich schon kennengelernt, bevor er Premierminister war, und zwar war das auf dem Flughafen von Heathrow. Ich bin einfach durch die Reihe der Sicherheitsbeamten marschiert, habe sie beiseite geschoben und mit ihm diskutiert. Echt, so 'ne halbe Stunde lang. Die Polizei wollte schon auf mich zugehen, aber er hat gesagt: »Nein, ist schon in Ordnung!« Dann meinte er: »Also, hören Sie

zu: Warum führen wir das Gespräch nicht fort, wenn wir in Dublin sind?«; dann sind wir ins Flugzeug gestiegen und haben am Ende doch wieder nebeneinander gesessen und hatten noch eine Auseinandersetzung. Nicht auf aggressive Art. Ich hab ihn gefragt, warum die Politiker nicht die Sprache der Menschen sprechen, sondern ihre eigene Sprache erfunden haben, mit der niemand im Land was anfangen kann. Ich hab ihm gesagt, daß jeder politische Führer, egal von welchem Land, die politische Sprache, die sie dort haben, über Bord werfen und statt dessen mit den Leuten reden sollte.

Irgendwann hat er mir mal geschrieben, und als wir *War* gemacht haben, hat er hier mal vorbeigeschaut. Und weil ich ihn zum Thema Arbeitslosigkeit vollgeblubbert hab, hat er dann gemeint: »Also, wir bilden gerade diese Dringlichkeitskommission zur Bekämpfung der Arbeitslosigkeit – und ich möchte Sie dabeihaben!«

58

Und ich meinte: »Gut, was soll ich dabei tun?« Im Grunde genommen war ich dann so was wie der Unruhestifter. Alles, was ich tun konnte, war, zu diesen Treffen hinzugehen, und wenn es dann hieß: »Wie die jungen Leute wohl dazu stehen?«, dann hab ich immer gesagt: »Hey, ich bin doch einer von ihnen.«

November 1984

Ich hab in diesem Ausschuß gesessen, der sich mit den Problemen der Arbeitslosen und der jungen Leute befassen sollte. Und ich war der einzige junge Mensch in diesem Ausschuß. Garrett Fitzgerald hat mich darum gebeten, und ich achte diesen Mann sehr. Aber sie haben dort in einer anderen Sprache geredet, im Ausschußjargon, und das war nicht meine Sprache. Sie haben zum Teil gute Arbeit geleistet, aber ich muß sagen, daß mein eigener Anteil daran nicht so groß war, wie er vielleicht hätte sein können. Irgendwie war ich der Meinung, wenn sie

vorhaben, über ledige Mütter zu reden, dann hätte ich auch gern mal eine ledige Mutter da gehabt und gehört, was sie zu sagen hat.

Ich wollte ein bißchen Leben in die Statistik bringen. Das war alles Teil meiner Persönlichkeitskrise, ob Musik jetzt wirklich Zeit auffrißt, die wir besser dazu nutzen würden, an den richtigen Problemen zu arbeiten. Ich hab mich damit abgefunden. U2 ist das, was ich am besten kann. Pete Townshend hat mir auf die Finger geklopft und gesagt: »Überlaß die Sozialarbeit alten Leuten wie mir.«

März 1987

Ich hätte liebend gern ein vereintes Irland, aber ich könnte nie jemanden unterstützen, der anderen die Waffe an den Kopf hält, um diesen Traum wahr werden zu lassen.

Juli 1987

Was heißt Irischsein? Ich weiß es nicht. Aber ich weiß, daß es nicht das gleiche ist wie vor zwanzig Jahren. Es ist nicht mehr das, was uns überliefert worden ist. Es ist nicht die republikanische Idee, daß die Söhne von Mutter Irland ihr Leben hingeben sollen für ihr Land. Diese Vorstellungen müssen noch einmal überdacht werden. Die Idee eines Blutopfers für Irland ist gefährlich. An Enniskillen und ähnlichen Geschichten kann man sehen, daß so was ins Auge geht. Man muß dabei sagen, daß die Minderheit in Nordirland in den Sechzigern in die Enge getrieben worden ist, und als sie '69 versucht haben, sich gegen diese Art von Unterdrückung zu wehren, war das der Zeitpunkt, an dem die eigentliche Verbitterung begonnen hat, ab dann ist es für beide Seiten schiefgelaufen.

Also, vielleicht sind wir ja politisch manchmal wirklich etwas zurückhaltend... Politik in Irland scheint so unsinnig; alle großen Parteien haben die gleichen politischen Grundsätze... Ich schau mich nur um und seh grau.

Es ist schon komisch, aber Rock'n'Roll-Bands kennen sich nun mal verdammt gut mit Hotels aus, und wir haben in Dublin mal eins entdeckt, das sollte zugemacht werden. Sie waren dort früher in Dublin die einzigen gewesen, die Gavin Friday bedient haben, als er in der Blütezeit des Punk Kleider getragen hat. Und weil wir so eine Art sentimentale Zuneigung dafür empfinden, haben wir's gekauft. Es heißt The Clarence.

Ich würde gerne glauben, daß U2 ein bißchen was von der Seele der Dubliners haben und ein bißchen was vom Geist von Luke Kelly. Er war der Sänger, der mich zum Singen gebracht hat. Ich bin mit seinen Songs groß geworden, hab sie immer gesungen, und ich singe sie noch heute, weil sie singenswert sind.

1988

Als in den Achtzigern der Erfolg auf allen möglichen Ebenen über uns hereingebrochen ist, haben wir den Status einer Fußballnationalmannschaft erreicht, die Leute waren voll auf unserer Seite. Ich denke, wenn eine Band so groß rauskommt wie U2, dann kann das den Leuten ganz schön auf den Keks gehen. Es wird ihnen die ganze Zeit unter die Nase gerieben, mit den ganzen Reklametafeln, dem: »Sind sie nicht toll?« oder: »Sie sind großartige Botschafter für Irland« und all dem Kram. Davon gab's dermaßen viel, daß es ganz natürlich ist, wenn sie mit einem: »Verpißt euch und laßt uns in Ruhe!« reagieren. Ich glaube, in Irland geht es gerade so ein bißchen in die Richtung.

Aber in der Künstlerszene ist alles schön bunt gemischt, da triffst du Pat McCabe in der gleichen Bar wie Gavin Friday oder wie Joe O'Connor. Momentan gibt's so 'ne Art Renaissance. Dublin platzt vor Ideen und verschiedenen Einstellungen fast

aus den Nähten, und zwar nicht nur im Bereich der Literatur. Ich leb gern dort.

Ich glaube, wir werden alle zu unseren Wurzeln zurückkehren müssen. Meiner Meinung nach werden die Menschen in den Neunzigern wieder traditionelle irische Musik hören, oder Cajunmusik, oder vielleicht frühen Soul. Was aber nicht heißen soll, daß ich die Vergangenheit verkläre und ein Erweckungsjünger werden möchte. Ich will auf jeden Fall einen Schritt nach vorne tun.

Ich fühle mich als Teil einer irischen Band. Aber dieses »Britpop«- oder »Irish Rock«-Etikett hat mir noch nie gepaßt, ich finde, das liegt alles ziemlich daneben. Musik ist entweder gut oder schlecht, egal aus welchem Land sie kommt. Mit vereinten Kräften wird versucht, jeden in eine Fangruppe zu stecken. Die Leute versuchen immer, Musik wie Fußball zu behandeln, aber eine Rangliste ist die einzige Gemeinsamkeit. Wer steht an der Spitze seiner Liga? Und wie wir alle wissen, sagt der Tabellenstand mit Sicherheit nichts über die momentane Form aus. Wir fühlen uns schon sehr als Iren, aber das, was uns so irisch sein läßt, ist nicht das Naheliegende, nicht die Blechflöte oder der Dudelsack. Es gibt etwas, das mehr ist, so eine neue Art von Irischsein. Die alte Art des Irentums mag ich nicht, ich hab mich da nie so richtig zugehörig gefühlt.

Wichtigstes politisches Ereignis um den Jahrtausendwechsel?
Die Aussicht auf Frieden in Irland. Die Möglichkeit besteht jetzt ganz real, und das wird mein Leben und das meiner Kinder gewaltig verändern. Wir leben im Süden – also nicht wirklich im Kriegsgebiet –, aber unser Leben wird sich ändern. Dafür bete ich.

* Januar 2000

Es war eine große Ehre, in der Waterfront Hall in Belfast quasi der Puffer zwischen John Hume und David Trimble zu sein. U2 haben nur eine Nebenrolle gespielt, aber wir waren stolz darauf. Ash hatten das Konzert veranstaltet.

Die Bombe von Omagh hat einen wunderbaren Sommer zunichte gemacht, Hunderte von Menschenleben zerstört, aber nicht den Friedensprozeß selbst. Ironischerweise waren sich die Iren in diesem August so einig wie nie zuvor. Sie litten gemeinsam, sie weinten mit der Mutter, die sich zu erinnern versuchte, von welchem Grün die Augen ihres toten Sohnes waren, würgten beim Anblick des Blutbads, waren vereint in ihrer Trauer und der Entschlossenheit, den Weg des Nordirland-Friedensabkommens bis zum Ende zu gehen.

* Februar 1999

62

Als John Hume und David Trimble den Nobelpreis entgegengenommen haben, schien es, als hätte uns der Rest der Welt in die Arme geschlossen. Anscheinend hat Tony Blair sowohl den Grips als auch den Schneid, den's braucht. Er ist Jahs [Rastafari-Begriff für »Gott«] Mann für diese Aufgabe.

* Februar 1999

Songwriting

Neulich abends hab ich mal Edge angerufen und ihm davon erzählt, daß ich da etwas entdeckt hätte, das »Song« heißt. U2 haben früher nie Songs als solche geschrieben. Wir haben Musikstücke gegliedert und dabei an solchen Sachen wie Atmosphäre, Struktur und Klangfarbe gearbeitet. Ich hab dann zu ihm gesagt: »Hör zu, da gibt's diese tolle Sache, die man ›Songs‹ nennt. Die schreibt man, und dann werden sie im Radio gespielt, und man hört sie auf der ganzen Welt, und die Leute hören sie sich an, während sie im Stau stehen, auf dem Weg zur Arbeit, und der ›Song‹ gehört dadurch zu ihrem Tag. Der ›Song‹ ist wirklich einsame Spitze.«

Mai 1985

Ich hab Edge angerufen, um ihm all das zu erzählen, und er meinte: »Oh ja, ich glaub, ich weiß, was du meinst – war *Pride* nicht so einer?« Und mir ist klargeworden, daß wir bereits ein paar Songs geschrieben hatten! Und noch eine Sache ist mir klargeworden: Ich als Sänger muß aufhören, zu versuchen, mich zu erklären, und statt dessen anfangen, Songs zu schreiben, die das tun.

Juni 1985

Ich benutze oft Worte nicht wegen ihrer Bedeutung, sondern wegen ihrem Klang, der Art, wie sie mit anderen

Worten zusammenstoßen. Momentan interessiere ich mich mehr für den Gesamteindruck als für Details. Ich würde gern anfangen, Alltagssprache zu benutzen – das hängt wohl damit zusammen, daß ich mich mehr und mehr für die Folktradition interessiere. Wie es von Brendan Behan hieß: Wenn die Engländer die Worte horten, dann werfen die Iren damit um sich. Sie werfen die Worte einfach so hin und schauen dann, was passiert. Ich denke, je weiter ich komme, desto mehr werd ich auf ein Gleichgewicht zwischen Gesamteindruck und Detail hinarbeiten.

November 1984

Die irischen Dichter haben mir ein Gespür für Sprache gegeben und für den Klang von Sprache, für die Bedeutung, die im Wort steckt und im Klang von Worten, solche Sachen halt.

Früher haben U2 tendenziell keine Songs geschrieben. Wir haben innerhalb eines Sounds gearbeitet und nur daran rumfrisiert. Für mich waren Texte etwas Altmodisches, was zur Folge hatte, daß U2 immer eher Musikstücke als echte Songs hervorgebracht haben... Larry, der von uns allen wahrscheinlich am ehesten auf Songs ausgerichtet ist, hat uns einen Stups in diese Richtung gegeben. Wir waren gerade zurück von einer extrem langen und kräftezehrenden Tour, mit der ganzen Routine, die so was mit sich bringt. Larry wollte, daß sich die Jungs einfach mal bei ihm treffen und Musik machen. Auf diese Art haben wir angefangen, Songs zu schreiben. Wir haben uns hingesetzt und Akkorde und Worte aufgeschrieben. Nach all den Jahren haben wir beschlossen, endlich auszupacken.

März 1987

Ich habe früher Texte unabhängig von U2 geschrieben. Ich hab damals geglaubt, daß Rock'n'Roll nicht der Ort für Worte ist. Bei U2 war ich deshalb nur so eine Art Skizzenkünstler – ich hab immer versucht, ganz schnell irgendein Bild zu entwerfen: nur ein bißchen Farbe hinklecksen und sie dann an den Rändern etwas runterlaufen lassen.

1988

Erst Mitte der Achtziger habe ich angefangen, viel Zeit auf die Texte zu verwenden.

September 1993

Die irischen Dichter Seamus Heaney und Patrick Kavanagh haben mein Schreiben stark beeinflußt. Alis Vater und Mutter sind in Irishtown aufgewachsen, genau im Zentrum von Dublin, und sie erinnern sich noch an Kavanagh, wie er immer in seinem weiten, schmutzigen Regenmantel am Kanal entlangspaziert ist.

1988

Die einzigen Zugeständnisse, die wir machen, sind solche an uns selbst. Wir spielen die Musik, die uns inspiriert,

und dadurch haben wir in den letzten zwei, drei Jahren eine ganze Welt von Musik für uns entdeckt: Folk, Country, Blues, Gospel – und gelegentlich versuchen wir uns daran, Songs wie *People Get Ready* von Curtis Mayfield neu zu interpretieren. Aber eigentlich sind wir ziemlich schlecht darin, die Songs anderer Leute zu spielen, und aus dem Grund haben wir angefangen, unsere eigenen zu schreiben.

1988

Immer wenn die Leute es von Botschaften in den Songs haben, komme ich mir vor wie der Postbote. Als derjenige, der für die Worte zuständig ist, schreibe ich über die Dinge so, wie ich sie sehe. Ich beabsichtige nie, die Welt zu verändern, nur meine eigene Welt. Rock'n'Roll ist Lärm, der mich aufgeweckt hat, und es ist gut, wenn er so nebenbei auch noch andere Leute aufweckt. Ich bin auf jeden Fall der Meinung, daß wir in der Bequemlichkeit unserer Freiheit nicht einschlafen dürfen. Und überhaupt – Edge kann mit seiner Gitarre mehr über den Kampf in El Salvador aussagen als ich mit Worten.

1988

Ich hab keine Ahnung, ob man sagen kann, dieser eine Song ist der allerbeste. Ich find's überhaupt sehr schwierig, mir unsere Songs unter dem Aspekt anzuhören, weil ich da nicht wirklich objektiv bin, aber ich hab festgestellt, daß ich die Songs am meisten mag, die ich einfach so runtergeschrieben habe.

Ich kann mir nichts aus den frühen Achtzigern anhören, weil ich da wie ein Mädchen klinge, und so was geht gegen meinen Machismo… Damals haben wir nicht gewußt, was Rock'n'Roll eigentlich wirklich ist, und ich glaube, das war einer der Gründe, weshalb wir was Besonderes waren. Aber hier rüberzukommen war für uns etwas Außergewöhnliches, wir haben, was die Stimmung der Achtziger angeht,

in gewisser Hinsicht auf dem Mond gelebt.

Die Bands, für die die Leute sich begeistert haben, waren cool, und wir waren heißblütig und leidenschaftlich, theatralisch oder wie auch immer man es nennen möchte. Anstatt gruftig zu sein, sind wir nur noch schwärmerischer geworden, und ich hatte einen Haarschnitt, der Vorbildfunktion für Millionen von Zweitligafußballern hatte und… na ja, auch für einen aus der ersten Liga. Aber wir hatten keinen Plan, was wir da eigentlich machen, wir waren von einem völlig anderen Planeten. Wenn ich mir alte Sachen anhöre, dann merke ich, was gut daran war, aber ich sehe auch eine furchtbar große Menge unvollendeter Songs; Songs, bei denen ich mir wünschen würde, ich hätte sie fertiggeschrieben. Aber die Band klingt toll.

Eine Boulevardzeitung erfindet eine Lügengeschichte, und eine seriöse Tageszeitung berichtet dann darüber als

Tatsache. Wenn das passiert, fühlst du dich zuerst auf den Schlips getreten; da hat jemand deine Grenzen nicht respektiert und dich herabgewürdigt. Nach einer Weile merkst du, daß da eine Figur geschaffen wird und daß du sogar selbst noch dazu beiträgst. Es hat mehr mit Wechselwirkung zu tun, als du dir anfangs vorgestellt hast, sie dichten Stückchen an dich ran, sie machen dich kürzer oder länger, breiter oder interessanter, als du tatsächlich bist... In der Zwischenzeit hörst du auf, daran zu glauben, daß die Wahrheit irgendwo anders zu finden ist als in der Darbietung der Songs. Du fängst an, in den Songs zu leben.

Schon als wir das *War*-Album aufgenommen haben, haben wir versucht, die Vorstellung von *dem* U2-Sound im Keim zu ersticken. Es macht mir nichts aus, wenn wir einen charakteristischen Stil haben, aber die Vorstellung, daß wir eine Band mit einem Erfolgsrezept-Sound

sein sollen, ist mir zuwider. Deshalb gab's auf *The Joshua Tree* eine Menge Songs, die wirklich untypisch waren, und auf den nächsten paar Platten wird das genauso sein, wahrscheinlich sogar noch verstärkt.

The Edge, März 1988

Die Platten

Boy

S tories For Boys... Ich kann mich noch daran erinnern, wie ich als Junge in den Spiegel geschaut und gedacht habe: »So seh ich doch nicht aus.« Das ist nicht in Ordnung. Es wird dir die ganze Zeit vom Fernsehen aufgezwungen: Stärke, Kraft – niemand ist wirklich so, aber man wird mit diesen ganzen Bildern bombardiert. Die Folge davon ist, daß du von dir selbst völlig enttäuscht bist, und dann ziehst du eine Maske auf und versteckst dich vor dir selbst, vor deiner eigenen Seele, vor dem, was du zu bieten hast.

Juni 1980

Als unsere erste Platte rausgekommen ist, da hat ein Typ in *Village Voice* über die ganzen Quinten und Nonen in unserer Musik geschrieben, über die absonderlichsten Akkorde und Tonarten. Aber daß wir wegen meiner Stimme auf Es runtergegangen sind, darauf ist er nicht gekommen.

März 1987

Von allen Platten, die wir aufgenommen haben, hat *Boy* am meisten Spaß gemacht. Wir hatten uns inzwischen so zusammengerauft, daß wir die verrücktesten und tollsten Sachen ausprobiert haben. Ich weiß noch, daß Bono bei *I Will Follow* eine irre Percussioneinlage auf dem Glockenspiel gebracht hat.

The Edge, Dezember 1998

October

Ich hab sie mir letzte Woche zum ersten Mal seit ewigen Zeiten wieder angehört, und ich konnte nicht glauben, daß ich da mit dabei war. Es ist eine gigantische Platte. Das hat mich überfordert. Ich weiß noch, unter was für einem Druck wir sie gemacht haben, wie ich die Texte praktisch mit dem Mikrofon in der Hand geschrieben habe, und bei £50 die Stunde ist schon ein ziemlicher Druck da. Lillywhite ist im Studio auf und ab gegangen... er ist damit richtig gut fertig geworden. Und das Ironische an *October* ist, daß es trotzdem eine gewisse Ruhe ausstrahlt – obwohl es unter einem solchen Druck aufgenommen worden ist.

Februar 1982

Vielen Leuten ist es zunächst schwergefallen, *October* anzunehmen. Das Wort »rejoice« [Jauchzen] zum Beispiel hab ich genau deshalb benutzt, weil ich wußte, daß die Leute in der Hinsicht eine geistige Sperre haben. Es ist ein mächtiges Wort. Da steckt mehr drin als in »get up and dance, baby«.

Februar 1982

Man soll jede Sekunde von jeder Stunde genießen. Da gibt's eine Stelle in Jeremia 29 – »Sucht ihr mich, so findet ihr mich. Wenn ihr von ganzem Herzen nach mir fragt, lasse ich mich von euch finden.« Zur Zeit herrscht auf der Welt eine sehr kalte Atmosphäre. Wir haben unsere Platte *October* genannt, um das widerzuspiegeln, aber auch, um eine Neubewertung anzuregen. Ich glaube fest daran, daß jedes Leben einen Sinn hat – man muß sich ihm nur hingeben.

Februar 1982

Ich glaube, *October* befaßt sich mit Bereichen, die die meisten Rock'n'Roll-Bands links liegenlassen.

Februar 1982

Es gefällt mir jetzt besser als am Anfang. Das ist wie bei *11 O'Clock Tick Tock* – das kam nicht besonders gut an, als es veröffentlicht worden ist, sondern hatte erst ein oder zwei Jahre später Erfolg.

Januar 1983

War

New Year's Day ist ein Liebeslied, das um so intensiver ist, als es um eine Liebe vor dem Hintergrund der politischen Unterdrückung geht. Im Unterbewußtsein hab ich wohl an Lech Walesa gedacht, der eingesperrt wird, und seine Frau, die ihn nicht besuchen darf. Und dann, als wir den Song veröffentlicht haben, wurde bekanntgegeben, daß das Kriegsrecht in Polen an Neujahr aufgehoben wird.

Januar 1983

War ist für mich wichtig, es ist für die ganze Band wichtig. Aber hopp oder top? Ich glaube nicht. Es hat mehr was von einer allmählichen Steigerung. Wir haben unse-

ren Sound entwickelt, ihn eine Stufe weitergebracht. Er ist viel rhythmischer, hat viel mehr Tiefe. *War* ist bisher unser heftigstes Album, und trotzdem geht es unter die Haut. Da legt sich eine Band mit dieser eintönigen Discotapete an, der mit dem Amüsiermuster, mit der unsere Ohren jeden Tag von Radio und Fernsehen zugekleistert werden. Mir persönlich steht's bis hier, daß ich jedesmal, wenn ich das Radio einschalte, einen Schwall von dieser gekünstelten Scheiße abkriege.

Januar 1983

Es wäre blöd, Fronten abzustecken, aber ich glaube, die Tatsache, daß es *New Year's Day* in die Top Ten geschafft hat, zeigt eine gewisse Ernüchterung bei den Plattenkäufern über das Popzeug in den Charts. Ich finde nicht, daß *New Year's Day* eine Popsingle war, ganz bestimmt nicht in dem Sinne, wie Mickey von nebenan eine Popsingle definieren würde: etwas, das drei Minuten lang ist und drei Wochen in den Charts ist. Ich glaube nicht, daß wir so einen Song hätten schreiben können.

Die Leute haben den Pop mehr und mehr satt, die Tapetenmusik und den schönen Glanz. Das ist so, wie wenn jemand die letzten Jahre über zu viele Smarties gegessen hat, und als er die vielen leeren Packungen im ganzen Zimmer verstreut liegen sieht, wird ihm auf einmal schlecht...

Februar 1983

Als wir *War* gemacht haben, hat uns das praktisch bis an den Rand der Bandauflösung gebracht. Wenn wir ins Studio gehen, dann schöpfen wir aus unseren tiefsten Ressourcen, und zwar schonungslos. Wenn eine Band ehrlich sein will, müssen alle alles aus sich rausholen, auch das, was ihnen vielleicht Angst macht...

Februar 1983

War ist keine negative LP. Immerhin bin ich verliebt, und auf der Platte geht's

doch auch viel um Liebe. Ein Song wie *New Year's Day* handelt vielleicht von Krieg und Kampf, aber auch von der Liebe. Davon, den Glauben nicht zu verlieren, entgegen allen Erwartungen Schranken zu durchbrechen und zu überleben. Liebe ist etwas sehr Mächtiges. Es gibt nichts Radikaleres, als wenn zwei Menschen sich lieben. Ich glaube, Liebe sticht um so mehr heraus, wenn sie vor den Hintergrund eines Kampfes gestellt wird. Darin besteht wahrscheinlich, kurz und knapp gesagt, die Stärke der Platte. Das Album handelt vom Kampf für die Liebe, nicht von Krieg im negativen Sinn. Ich würde *War* unrecht tun, wenn ich den Eindruck erwecken würde, es wäre eine düstere Platte, weil sie das einfach nicht ist. Ich hoffe, daß es eine Platte ist, die einen aufbaut.

Einige Lovesongs werten die Bedeutung des Wortes »Liebe« ab. Bei Discobands verkommt es zu einem Klischee, weil sie es solange zerpflücken, bis es nichts mehr bedeutet. Die Macht der Liebe kommt immer stärker rüber, wenn sie mit Bezug zur Wirklichkeit betrachtet wird, als in der Wirklichkeitsflucht.

Februar 1983

War schien das Motto für 1982 gewesen zu sein. Wo man nur hingeschaut hat, war Krieg, von den Falklands über den Mittleren Osten bis nach Südafrika.

Februar 1983

Auf *October* waren viele Songs ziemlich abstrakt, aber *War* ist – mit Absicht – direkter, konkreter. Aber man kann den Titel trotzdem auf verschiedenen Ebenen verstehen. Uns fasziniert Krieg nicht nur als ein konkretes, sondern auch als ein emotionales Phänomen.

Februar 1983

Die Leute sind gegenüber Gewalt abgestumpft. Wenn man Fernsehen schaut, ist es schwierig, zwischen Dichtung und Wahrheit zu unterscheiden. Erst siehst du, wie jemand in »Die Profis« er-

schossen wird, und im nächsten Moment siehst du in den Nachrichten, wie jemand erschossen wird und aus dem Fenster fällt. Das eine ist erfunden, das andere ist Wirklichkeit, aber wir gewöhnen uns langsam so sehr an die Fiktion, daß wir bei dem, was wirklich geschieht, nichts mehr empfinden. Das ist eine Weise, wie wir das Thema auf der Platte angehen. *War* könnte die Geschichte einer zerrütteten Familie sein, einer Familie, in der sich einer mit dem anderen im Krieg befindet. Anstelle von Panzern und Gewehren haben wir das Gesicht eines Kindes aufs Cover gebracht. Krieg kann auch im Kopf stattfinden, auf einer emotionalen Ebene, zwischen Liebenden. Es muß nichts Konkretes sein. Es gibt auch so etwas wie Krieg auf der psychischen Ebene. Uns faszinieren all die verschiedenen Aspekte und Assoziationen.

Februar 1983

Ich glaube, daß *War* mehr als irgendeine andere Platte in

ihre Zeit paßt. Es ist eine Ohrfeige für den seicht-bekömmlichen Pop. Alle anderen orientieren sich mehr und mehr an dem, was »in« ist, sie werden immer glatter. John Lennon hatte recht, was diese Art von Musik angeht; er hat sie »Tapetenmusik« genannt. Sehr hübsch, sehr durchgestylt, Musik, die man beim Frühstück hört. Musik kann aber mehr sein. Sie hat wahnsinnige Möglichkeiten. Musik hat mich verändert. Sie ist in der Lage, eine ganze Generation zu verändern. Schau nur mal, was mit Vietnam war. Musik hat die Einstellung einer ganzen Generation zum Krieg verändert.

Juni 1983

Bei *Boy* und *October* bin ich unter Beschuß geraten, weil sie so abstrakt waren. Bei *War* hab ich dann beschlossen, das Wesentliche freizulegen. Neulich hab ich sie mir zum ersten Mal angehört, und da waren einige tolle Sachen drauf. Obwohl ich auch zum ersten Mal diese Schärfe wahrgenommen hab, die mir vorgehalten wurde. Ich hab

nachvollziehen können, daß es vielleicht so geklungen hat, als ob da jemand mit dem Finger auf andere zeigt, dabei haben wir natürlich nie auf jemand anderen gezeigt als auf uns selbst. Diese Stimme da war sehr zornig. Mir war vorher nicht klar, daß ich dermaßen angespannt war.

Oktober 1984

Die Phase nach *War* war wirklich schwierig. Es war schrecklich. Ich war völlig durchgeknallt. Weißt du, was sie mit Terroristen in Nordirland anstellen? Sie ziehen ihnen braune Papiertüten über den Kopf, stecken sie in Zimmer, in denen sie weder stehen noch mit ausgestreckten Beinen sitzen können, sie lassen das Licht 24 Stunden am Tag brennen, damit die nicht wissen, wie spät es ist, ob es Tag oder Nacht ist.

Wenn du selbst zum Gepäckstück wirst, wenn du auf Tournee bist, dann kannst du dich manchmal selbst aus den Augen verlieren. Und zwar ganz und gar. Du verlierst jegliches Gefühl für

Zeit und Raum. Du gehst raus auf die Bühne, gibst anderthalb Stunden lang etwas von dir, und der Applaus, der zurückkommt, baut dich auf, aber manchmal ist er anonym. Du gehst von der Bühne... Ich muß danach dann immer mit Leuten reden, den Applaus muß ich irgendwie mit Personen in Verbindung bringen können, damit für mich greifbar wird, was abgelaufen ist. Wenn du das nicht machst, kehrst du am Ende in diesen leeren Raum zurück, der sich »dein Hotelzimmer« nennt... so ein bißchen wie der Typ mit der Papiertüte überm Kopf.

Januar 1985

War... war eine Reaktion auf die neue romantische Bewegung, die mit der Cocktailpartymentalität... und wir haben unseren Sound absichtlich auf die nackten Knochen und drei Großbuchstaben, WAR, reduziert und die drei Grundfarben hinzugefügt. Aber seitdem wird uns dieses eine Album immer wieder zum Vorwurf gemacht. Das gleiche könnte

man von John Lennon sagen; er hat so eine ähnliche Phase durchgemacht, oder Bob Dylan mit seinen frühen Werken – *Masters Of War* und diese ganzen Sachen. Es war einfach eine Phase, die er durchgemacht hat.

März 1987

So in der Zeit um *October* und *War*, da waren wir uns noch nicht mal sicher, ob wir in einer Band bleiben wollten. Für mich war Rock'n' Roll wirklich die reinste Eitelkeit, und es schien darin keinen Platz für die spirituellen Anliegen in meinem Schreiben zu geben. Ich bin mir vorgekommen wie ein Fisch auf dem Trockenen, völlig fehl am Platz. Aber seitdem ist mir klargeworden, daß es vielen Künstlern, die mich inspiriert haben – Bob Dylan, Van Morrison, Patti Smith, Al Green, Marvin Gaye –, genauso ergangen ist. Auch in ihren Werken gab's diese drei Dimensionen – die sexuelle, die spirituelle und die politische. Auf unsere Art haben wir bei U2 die gleiche dreidimensio-

75

nale Geschichte. Ich fühl mich jetzt wohler damit.

März 1987

In dieser Phase hatte das John-Lennon-Handbuch großen Einfluß auf mich. Ich hatte es immer in meiner Brusttasche. *Sunday Bloody Sunday*... schließlich hat doch John Lennon das erste Lied mit diesem Titel geschrieben. Es bringt mich auf die Palme, daß die Leute, wenn sie U2 sehen, nur an *Sunday Bloody Sunday* und den Typen mit der weißen Flagge denken. Sie sehen nicht etwa *Drowning Man*, das auf dem gleichen Album war. Es gibt eine andere Seite von U2. Klar, wir sind mit Transparenten in der Hand angekommen, und es waren noch dazu kühne Plakate, aber das ist nicht alles an U2.

März 1987

War war bewußt schmucklos... um uns von dem abzusetzen, was zu der Zeit so abgelaufen ist, dieses Syndrom des »Fein zurechtgemacht, aber völlig orientie-

rungslos«, bei dem man sich hinter seinem Haarschnitt versteckt. Es ist nur zufällig so gewesen, daß wir mit *War* populär geworden sind, deshalb werden wir damit in Verbindung gebracht.

März 1987

Es waren weniger die Leute der IRA als die Republikaner, denen hat der Song Mut gemacht, weil es da ein Massaker gegeben hatte, das nicht in Vergessenheit geraten war, und jetzt gab's einen Song darüber. Das einzige, was mich daran wirklich gestört hat, war, daß die Leute den Song völlig falsch verstanden haben. Ich habe versucht, den Ostersonntag und den »Blutigen Sonntag« gegenüberzustellen – das muß man sich mal vorstellen.

Auf viele der Texte bin ich sehr stolz, und zwar gerade weil sie so auf die Schnelle und mit einer so naiven Haltung geschrieben worden sind...

Ich habe fast den ganzen Song verdammt schnell geschrieben. Aber es war auch ein Riesenbrocken, den wir uns da vorgenommen haben. Und, ich weiß nicht mehr so recht... Ich hab zu viele blaue Flecke und Narben davongetragen, als daß ich Dinge noch in der gleichen Art frontal würde anpacken wollen. Ich glaube, man muß heute cleverer sein.

Über »Sunday Bloody Sunday«

Nach *War* haben wir die Band aufgelöst. Wir haben sie im wahrsten Sinne des Wortes aufgelöst und eine neue daraus gebildet, mit dem gleichen Namen und den gleichen Leuten. Genau das haben wir gemacht. Wir hatten diese ganzen Kinderkrankheiten, die man so hat, wenn man gerade eine Band gegründet hat.

Januar 1985

Under A Blood Red Sky

Ich glaube, ich hab mich an verschiedenen Punkten regelrecht selbst verloren und mich aufgeführt wie ein völlig Bekloppter. So wie bei

dieser US-Festival-Geschichte. Ich bin bis auf das Dach der Bühne geklettert, das kam mir vor wie ein paar hundert Meter, bin quer über das Dach auf der Zeltbahn gelaufen – und plötzlich ist das Tuch gerissen. Mein Gott! Ich kann mir das nicht ansehen! Die Person da oben kenne ich nicht, ich weiß nicht, wer das ist, der da hochgeklettert ist. Außerdem habe ich eh Höhenangst.

Januar 1985

Under A Blood Red Sky war die logische Fortführung von *War*. Da steckt Feuer drin, denn so haben wir uns gefühlt. Wir haben uns über die ganze Synthipop-Sache hinweggesetzt. Am Schluß hatten wir es uns voll und ganz von der Seele gespielt, aber das Image sind wir nicht mehr losgeworden.

März 1987

The Unforgettable Fire

Das ist eine Platte, die kein bißchen auf der Rock'n'Roll-Schiene fährt – was der Grund dafür ist, daß halb

Amerika völlig verblüfft ist, noch während wir uns hier drüber unterhalten.

Oktober 1984

Die Leute reden von der Spiritualität von U2, und ich hab festgestellt, daß die in der Musik der Schwarzen zum Alltag gehört hat. Jimi Hendrix war der wildeste Vertreter des Rock'n'Roll, und Janis Joplin wäre liebend gern schwarz gewesen. Mir ist klargeworden, daß wir zwar unsere Wurzeln nicht in der Musik der Schwarzen haben, doch gefühlsmäßig mit ihr verwandt sind.

Oktober 1984

Elvis Presley In America ist in fünf Minuten aufgenommen worden. Eno [Brian Eno, Produzent] hat mir ein Mikro in die Hand gedrückt und gesagt, ich soll einfach zu diesem Stück Musik, das verlangsamt oder rückwärts oder wie auch immer abgespielt wurde, singen. Ich hab gesagt: »Wie, einfach so? Jetzt?« Er meinte: »Ja, genau das ist es doch, was euch aus-

macht.« Also hab ich's getan, und als es fertig war, da waren diese ganzen wunderschönen Zeilen und Melodien dabei herausgekommen. Ich hab gesagt: »Ich kann's kaum erwarten, das fertigzumachen«, und er meinte nur: »Wie meinst du das, ›fertigmachen‹? Das ist fertig!«

Oktober 1984

Brian hatte drei Jahre lang nur Gospelmusik gehört. Es war der Geist, in dem diese Musik gemacht wurde, der ihn zu unserer Musik gebracht hat, das Gefühl der Hingabe daran.

Oktober 1984

Mit Eno haben wir den Geist unserer Musik wiederentdeckt und das Vertrauen in uns selbst. Der Schwerpunkt dieser Aufnahme lag auf dem Moment, auf der Spontaneität. Das ist so wie diese irische Tradition, die Joyce-Sache: Wenn du entspannt bist, hast du keine Hemmungen. Die Atmosphäre bei den Aufnahmen war sehr relaxed.

Oktober 1984

Als Eno zu uns kam, um mit uns *The Unforgettable Fire* aufzunehmen, da hat er von »Rock'n'Roll mit einem Augenzwinkern« gesprochen, davon, daß der Rock'n'Roll zur Parodie seiner selbst geworden war... und daß er nur mit einem Zwinkern annehmbar sei. Es ist eine Musik der Weißen, das ist das Problem, das »Weiße« an der Musik ist die Zwangsjacke. Die Weißen in ihren Anzügen und Krawatten – denn unter ihren zerrissenen Hemden tragen sie die immer noch – haben Angst, öffentlich ihre Hosen runterzulassen. Und jemand muß diese Seifenblase zum Platzen bringen. Nicht für uns, wir haben sie für uns selbst schon platzen lassen und uns irgendwie befreit, sondern für all die Leute, die nicht die Musik machen, die sie eigentlich machen könnten, weil... weil sie über dieses Zwinkern nie hinausgekommen sind und feststecken.

Es gibt einen bösen Zauber, der gebrochen werden muß, in London, in New York, im Musikbusiness. Ich hab keine Ahnung, wie man ihn brechen kann; ich spüre nur, daß viele Leute von ihm emotional gelähmt sind, verhungert... Ich glaube, es gibt eine Menge Musik, die sich wünscht, endlich gemacht zu werden, die sich aber total fürchtet.

Juni 1985

The Unforgettable Fire ist eine wunderschön unscharfe Platte, verschwommen wie ein impressionistisches Gemälde, so ganz das Gegenteil etwa von einer Reklametafel oder einem Werbeslogan. Heutzutage kriegen wir ein schöngemaltes Werbefachmann-Bild der Welt vorgesetzt. Im Kino merke ich, daß ich allergisch auf die perfekte Filmtechnik und das wunderschöne Gesamtkunstwerk reagiere – das ist alles zu schön, zu sehr wie Reklame.

Oktober 1987

Es hat immer zwei Seiten an U2 gegeben, die Energie und die Atmosphäre. Mit Steve

Lillywhite ist immer besonders die Energie zum Vorschein gekommen, aber Brian Eno hilft uns, heute wieder mehr die Atmosphäre aus uns herauszuholen.

November 1984

Pride ist der beste Song, den wir jemals geschrieben haben. Wir haben ziemlich wenige Songs gemacht... normalerweise machen wir einfach Musik. *I Will Follow* war auch ein Song, aber der nächste war dann erst wieder *Sunday Bloody Sunday*. *Pride* ist aber ziemlich anders als der Rest der Platte – das ist alles nicht so geradlinig wie dieser Song.

November 1984

Gerade wegen der Lage in unserem Land war die Vorstellung von gewaltfreiem Kampf sehr anregend. Und trotzdem – als Bono mir erzählt hat, daß er über King schreiben möchte, hab ich zunächst gesagt: »Jetzt mach mal halblang, das hat doch nichts mit U2 zu tun.« Dann kam er rein, hat den Song ge-

sungen – und er hat einfach gepaßt! Das war toll. Wenn so etwas passiert, gibt's keine Diskussionen. Es war einfach das Richtige.

The Edge, Dezember 1998

Letztes Jahr hat sich die Band ein bißchen verlaufen, und dieser Song stellt so was wie die Rückkehr zu unseren anfänglichen Zielen dar, so wie eigentlich die gesamte Platte *The Unforgettable Fire*. Wir haben unsere Ziele bisher wirklich nicht einmal annähernd erreicht...

November 1984

Vor ein paar Wochen war ich bei einer Demo an der Columbia University. Es war ein Hungerstreik anläßlich der Ereignisse in Südafrika. Ich bin hin und habe festgestellt, daß sie eine Kassette dabeihatten, auf der auch *Pride* war; sie haben es sich dort angehört, in ihren Schlafsäcken, im strömenden Regen, und das hat mich ein wenig ermutigt. Das ist nicht der Grund, weshalb man sich daran macht, einen Song zu schreiben, aber wenn er dann eine genauso große Wirkung auf das Leben eines anderen hat wie auf das eigene – na ja, dann bin ich zufrieden. Ich freu mich auch darüber, daß viele unserer Fans sich mehr und mehr engagieren, zum Beispiel für die Hungerhilfe oder in der Anti-Atomkraft-Bewegung. Leute, die einfach das Gefühl haben: »Ja, da werde ich meinen Platz finden.« Das ist ihr Platz, fern von einer Bühne.

Mai 1985

Wire verkörpert für mich die Spritze. Das ist der unbewußte Wert, den es für mich hat. Es fasziniert mich, daß Metaphorik, die mir nicht bewußt ist, für andere Leute oft eigentlich ziemlich klar ist. Ein Typ aus der Musikszene in London hat mich mal im Portobello Hotel angesprochen und mir erzählt, daß er letztes Jahr fast gestorben wäre. Dreimal Herzstillstand, dreimal 'ne Überdosis. Er hat sich den »Narcotics Anonymous« angeschlossen und bringt jetzt

sein Leben wieder in Ordnung.

Er hat mir erzählt, daß unsere Musik ein echter Soundtrack für eine Veränderung in seinem Leben war. Und – das hat mich völlig umgehauen – er wußte haargenau, was ich mit *The Unforgettable Fire* ausdrücken wollte. Er wußte, um was es in *Bad* geht, er kannte all die Gefühle, er wußte, um was es in *Wire* geht. Er wußte, daß diese beiden Songs direkt was mit dem zu tun hatten, was er durchmacht. So abstrakt sie auch waren.

Mai 1985

Als wir in Amerika *The Unforgettable Fire* rausgebracht haben, gab es eine unheimlich starke Gegenreaktion. Die Leute hatten gedacht, wir wären die Zukunft des Rock'n'Roll, und jetzt meinten sie: »Was wollt ihr mit diesem verdammten Eno-Hippie-Album?« Wir schulden Eno und Lanois soviel – dafür, daß sie U2 ins Herz geschaut haben.

März 1987

The Joshua Tree

Clevere Leute legen *The Joshua Tree* auf und denken sich: »Ich werde diese Platte häufig hören.« Dumme Leute legen sie auf, sagen nur: »Mann, klasse!« und glauben, sie sind voll im Bilde. Ich glaube, daß diese Platte mehr als all unsere anderen das sagt, was wir zu sagen haben. Das gilt jedenfalls für mich als Texter der Band. In gewisser Hinsicht hat's die Platte nicht nötig, daß ich Interviews gebe und sie erkläre. Nach 'ner Weile kapiert man sie, man versteht, wie sie von Anfang bis Ende zusammengestellt ist. Die Bedeutung des Namens *The Joshua Tree* – es ist für mich fast unmöglich, ihn ernsthaft zu erklären, mich selbst so ernst zu nehmen. Es gibt viele Gründe dafür. Wir werden zwangsläufig oft lügen müssen.

März 1987

In dem Song *With Or Without You*, wenn's da heißt: »and you give yourself away« [und du gibst dich

preis], da weiß jeder in der Band, was damit gemeint ist. Es geht darum, wie man sich manchmal fühlt, als Teil von U2 – bloßgestellt.

Auf dieser Platte zeigt sich mein Interesse an primitiven Symbolen, fast wie in der Bibel. Manche Leute entscheiden sich dafür, Rot zu benutzen, andere wählen Türkis. Einige Leute mögen Lavendelblau. Ich mag Rot.

März 1987

The Joshua Tree... das ist eine ziemlich sonderbare Stadt am Rand der kalifornischen Wüste. Viele psychedelische Schriftsteller kommen da her. Gram Parsons liegt dort begraben. Das ist so die Art von Plattentitel, bei dem man annehmen würde, daß sich die Platte bestenfalls dreimal verkauft.

März 1987

Greg Carroll [dem die Platte gewidmet ist] war für U2 fast wie ein Bruder. Wir haben ihn in Auckland in Neuseeland kennengelernt... und er hat mit uns auf der »Unforgettable Fire Tour« zusammengearbeitet... Er war der Typ, von dem man sagt, er ist zu gut für diese Welt. Wir sind über seinen Verlust noch nicht hinweg, und ich glaube nicht, daß wir es jemals sein werden. Und er ist ums Leben gekommen, während er mir einen Gefallen tat. Ich weiß nicht, was ich sagen soll. Er hat 1986 zum paradoxesten Jahr unseres Lebens gemacht. Aus diesem Grund hat mich die Wüste als Bild so sehr angezogen. Dieses Jahr ist für uns wirklich eine Wüste gewesen, es war eine furchtbare Zeit. Der Tod ist eine richtig kalte Dusche, und ich hab viel davon gehabt. Seit meiner Kindheit ist er mir überallhin gefolgt, und ich hab genug davon.

März 1987

Ich hab *Bullet The Blue Sky* aus der Angst heraus geschrieben, während ich in El Salvador war, und ich habe sehr einfache Bilder benutzt. Weil San Salvador wie eine normale Großstadt wirkt.

Man sieht einen McDonald's, man sieht Kinder mit Schulbüchern, ein richtiges Mittelstandsmilieu, bis man 25 Meilen aus der Stadt rausfährt und Dorfbewohner und Bauern tot am Straßenrand liegen sieht... oder sie sind verschwunden.

März 1987

Viele von den Songs haben wir in Larrys Gästezimmer oder Adams Wohnzimmer aufgenommen. Wenn die rote Lampe aufleuchtet, dann reagieren wir oft nicht darauf. Aber wenn man uns einfach uns selbst überläßt, und wir Musik auf unsere Art machen können, dann werden manche Stücke fast wie Demos. Wir mußten schwer darum kämpfen, sie richtig hinzukriegen, und am Schluß sind viele Songs übriggeblieben. Es hätte in viele verschiedene Richtungen gehen können. Aber wir wollten eine Platte aus einem Guß machen; wir wollten keine »Seite eins, Seite zwei«-Geschichte.

März 1987

Die Hemmungslosigkeit der Siebziger ist bis zu einem gewissen Punkt berechtigt, auch wenn sie ins Auge gehen kann. In den Achtzigern sind die Leute so klaustrophobisch, sie wollen bloß keine Fehler machen, dabei sehen sich viele der jungen Bands als Teil der Rock'n' Roll-Tradition der Siebziger. Sie müssen von der Einstellung »Wir können nicht so Gitarre spielen« loskommen. Die Antwort ist, du kannst tun, was du willst. Das ist das Motto für *The Joshua Tree*. In *Bullet The Blue Sky* zum Beispiel ist elektrisch verstärkter Blues miteingebaut, aber dann gibt es auch wieder ein einfaches Klavierstück. Mit U2 haben wir uns auch manchmal gefesselt gefühlt, durch diesen Sound, den wir entwickelt hatten. Wir wollten nicht ins »A-Z Rocklexikon« eingehen als die Band ohne eigenen Sound. Wir wollten ein paar Songs hinterlassen.

März 1987

With Or Without You, das ist schon eine tolle Single…

Gott, ich hoffe wirklich, sie schafft's in die Top Ten. Der Song ist eine klassische Single.

März 1987

Scott Walkers *Climate Of Hunter* hatte einen großen Einfluß auf unsere LP. Hör dir nur mal *With Or Without You* an…

März 1987

Die Manager der Plattenfirmen… die sagen wahrscheinlich: »Dieses bedeutende Rock'n'Roll-Album, von dieser bedeutenden Rock'n' Roll-Band, wie heißt das noch mal? *The Joshua Tree*?! Es würde sich fast lohnen, ihre Gesichter dabei zu sehen.

März 1987

Das Grundgefühl, mit dem wir die Platte aufgenommen haben, war dem einer Gospelgruppe verwandt. Wir wollten einen Augenblick einfangen, das Gefühl von einem Raum und den Leuten in diesem Raum, etwas, das das Wesen von Gospelmusik ausmacht. Eno war dabei ein echter Verbündeter. Er hört sich mehr Gospelmusik an als sonst irgendwas.

März 1987

Weil die Platte so groß rausgekommen war, hatte ich tierisch Angst, daß wir uns damit auf Hinz-und-Kunz-Gebiet begeben hätten – daß wir ein Publikum erreichen, das einfach nur auf »große« Bands steht, wie die Stones oder Queen, kein spezielles Publikum mehr. Aber sogar in Wembley haben wir festgestellt, daß das nicht so war. Wir haben gemerkt, da draußen gibt's immer noch das U2-Publikum, Leute, die auf unseren ersten Konzerten waren, Leute, die *Boy* gekauft haben, Leute, die mit uns gewachsen sind, sich mit uns verändert haben. Ich hoffe bloß, daß sie nächstes Jahr auch wieder dabeisein werden.

Dezember 1987

Als ich vom Streik der Kumpel gelesen hab, hat mich daran außer der politischen Seite – in der man sich leicht verzetteln kann – besonders

das Scheitern von Beziehungen interessiert, und wie sich der Streik auf das Liebesleben der Leute ausgewirkt hat. Weißt du, die Männer und Frauen konnten dadurch, daß sie ihre Arbeit und den Glauben an sich selbst verloren hatten, buchstäblich nicht mehr zueinanderfinden. Und den Text zu *Red Hill* hab ich ungefähr ein Jahr nach dem Streik geschrieben.

1988

Seit *The Joshua Tree* stehen Edge und ich immer um sechs Uhr auf, dann kommt Adam noch vorbei, und wir schreiben nur Songs und hören Platten. Wir haben mit dem Songschreiben nicht aufgehört: Es kommen immer wieder neue nach.

1988

Silver And Gold ist der erste Song, den ich aus der Perspektive eines anderen geschrieben habe. U2-Songs gehen immer von meinem Standpunkt aus, aber hier gehe ich in die dritte Person über. Es ist auch der erste

Song mit Blues-Einfluß, den ich geschrieben habe. Ich spiele dabei Gitarre mit einem Mikro am Fuß, genauso wie es früher diese alten Blueser wie Robert Johnson immer gemacht haben. Ich schlage mit den Knöcheln auf die Gitarre, um im Rhythmus zu bleiben. Im Laufe des Songs wird das Tempo immer schneller und die Stimmung immer intensiver.

Januar 1986

Der Auslöser für mich war eine Zeile über einen Boxer – die Vorstellung von einem Profiboxer in seiner Ecke, der von seinem Trainer angespornt wird. Das ist ein Sport, an dem ich im vergangenen Jahr mehr und mehr Interesse gefunden hab. Viele Aspekte davon find ich richtig anrüchig, so ein bißchen wie ein Hahnenkampf oder so, aber es war ein sehr starkes Bild für den Song.

Über »Silver And Gold«, Januar 1986

Wir als Band haben unseren Sound ohne jeglichen Hintergrund entwickelt, denn unsere Plattensammlungen beginnen erst 1976 mit Tom Verlaine, Patti Smith, The Clash und The Jam. *Silver And Gold* war mein verzweifelter Versuch – und ich hab den Song in zwei Stunden geschrieben –, einen Song zu schreiben, der an eine Tradition anknüpft. Es geht um Südafrika, um einen Mann, der kurz davor ist, Gewalt anzuwenden. Das ist etwas, was mich fasziniert.

März 1987

Rattle And Hum – Die LP

Ich wollte von der Art von Metaphorik wegkommen, wie ich sie auf *The Unforgettable Fire* verwendet habe. Jahrelang hatte ich diese ganzen Texte geschrieben, die ich für U2 nie hab gebrauchen können. Sie haben nie in irgendwelche Songs gepaßt. Das waren Texte mit schärferen Konturen. In gewissem Sinn war ich auf der Suche nach einer neuen Art von U2, wo ich diese Texte problemlos verwenden könnte.

Ich hab mich auch irgendwie von der Rock'n'Roll-Tradition ausgeschlossen gefühlt. Zum Beispiel hat mir T-Bone Burnett mal einen Song vorgespielt, mir dann die Gitarre gegeben und mich gebeten, ich soll doch einen von meinen Songs spielen. Aber was das angeht, ist U2 eher wie ein Orchester als eine Rock'n'Roll-Band. Man kann sich nicht einfach hinsetzen und *The Unforgettable Fire* oder *Bad* runterklimpern... Soweit ich mich erinnere, hab ich die Gitarre rumgedreht, nur auf die Rückwand geschlagen und ein, zwei Lieder gesungen. Dieser Wunsch, Songs im traditionellen Sinn schreiben zu können, hat zu Songs wie *Silver And Gold* geführt.

Irgendwie bin ich von Musik abhängig. Durch das Schreiben von Texten und Musik versuche ich, mich selbst zu definieren. Wir alle versuchen rauszufinden, wer wir sind, und mir hilft dabei die Musik. Ich stelle fest, daß ich mich geradezu verzweifelt an sie klammere. Ich will die finstere Seite in mir genauso zum Vorschein bringen wie die helle Seite.
Oktober 1988

In *Desire* geht's um Ehrgeiz... den Ehrgeiz, in einer Band zu spielen. Du machst nicht deshalb in einer Band mit, um die Welt zu retten, sondern um dich selbst zu retten und um von der Straße wegzukommen. Du willst lieber vor einer Menge spielen, als selbst in der Menge zu stehen. Ich wollte das alles mal aussprechen, weil die Leute auf U2 schauen und diese ganzen lauteren Motive sehen – aber wir haben aus äußerst unlauteren Motiven mit unserer Band angefangen. Es hat damit angefangen, daß wir uns in der Schule gelangweilt haben. Wir wollten nicht in 'ner Fabrik oder für den Staat arbeiten. Wir wollten keine Lehrer werden oder zur Armee gehen oder was auch immer. Man steigt aus allen möglichen falschen Gründen in eine Band ein, nicht aus den richtigen.
Oktober 1988

Ich bin eines Tages mal mit einem tierischen Kater aufgewacht und hatte so 'ne Melodie im Kopf. Ein paar Worte sind mir auch schon im Kopf rumgeschwirrt, und ich hab nur gedacht: »Mein Gott, muß ich das jetzt aufschreiben?« Ich wollte nur wieder ins Bett. Aber es ist mir nicht aus dem Kopf gegangen, also hab ich's aufgeschrieben. Der Anfang des Songs klang wie ein Bob-Dylan-Song – wohl schon ein Zeichen von Größenwahn. Ich hab ihn am selben Tag später noch gesehen, bin zu ihm hin und hab ihn gefragt: »Das ist doch einer von deinen, oder?« Und er hat gesagt: »Nein – aber warum schreiben wir den Song nicht jetzt?« Dann haben wir ihn geschrieben.

Über »Love Rescue Me«

Welche andere Band würde fünf Minuten vor einem Auftritt die Akkorde von *All Along The Watchtower* lernen, das Lied live spielen und aufnehmen? Keine.

Oktober 1988

Im Grunde ist es so, daß wir uns entschieden haben, *Rattle And Hum* anstelle einer Doppel-Live-LP rauszubringen. Doppel-Live-LPs waren jahrelang eine aufregende Sache, aber von wenigen Ausnahmen abgesehen, war es meistens absoluter Mist und hauptsächlich Geldmacherei von großen Bands wie U2, die aus ihren Fans so noch mehr Geld rauspressen wollten. Wir hatten irgendwie das Gefühl, wenn wir einen Soundtrack zum Film rausbringen, dann sollten wir eher etwas Interessanteres daraus machen… und so hatten wir die Idee zu *Rattle And Hum*… Das ist einfach unsere Art, das Problem zu umgehen.

November 1988

Wir haben den Sun Studios einen Besuch abgestattet [wo ein Teil von *Rattle And Hum* aufgenommen wurde]. Es war wirklich erstaunlich… Cowboy Jack Clemmons war bei unseren Sessions dabei. Das ist der Typ, der Jerry Lee Lewis' *Whole Lotta*

Shakin' aufgenommen hat. Ich hab so'n altes Mikrofon gefunden, mit Spinnweben dran, und gesagt: »Cowboy Jack, schau dir das hier mal an. Das sieht aus, als hätte da schon Elvis reingesungen.« Ich hab dann erfahren, daß er tatsächlich schon in dieses Mikro gesungen hatte.

Nach zehn Minuten hat dieses Mikro, mit dem schon *Mystery Train* und ein ganzer Haufen anderer Klassiker aufgenommen worden waren, wieder funktioniert. Dann hat er mir erzählt, wo Elvis früher immer gestanden hat, aber ich dachte, jetzt übertreibt er's ein bißchen.

Dezember 1987

Die Sun Studios sind ein bemerkenswerter Ort. Ich meine, da hängen wirklich diese ganzen Bilder an den Wänden, von Elvis Presley, Jerry Lee Lewis, Johnny Cash... Das ist der Ort, an dem der Rock'n'Roll geboren wurde! Und es war ein irrsinniges Privileg, dort zu spielen. Mir ist es richtig peinlich, das zu erzählen, aber ich hab so'n

altes Mikro in einer Ecke gefunden und hab den Produzenten gefragt, ob ich es benutzen dürfte, und er hat gesagt: »Elvis hat dieses Mikro früher benutzt, aber es funktioniert nicht mehr.« Ich meinte dann: »Sind Sie sicher?«, und da hat er es eingestöpselt – und es ging! Es hat wirklich funktioniert! Und wirklich, bei der Aufnahme von *Angel Of Harlem* – das klingt jetzt zwar wie völliger Blödsinn, aber es ist die Wahrheit –, da singe ich durch das Mikro von Elvis! Ich wünschte nur, ich könnte so singen wie Elvis.

November 1988

Wir haben *Desire* in fünf Minuten geschrieben und in fünf Minuten aufgenommen – es stimmt, wir haben ein Demo rausgebracht. Wir hätten beinahe noch gekniffen, aber am Schluß dann doch nicht.

November 1988

Ich glaube, viele Leute, denen die Platte nicht gefällt, viele Leute, denen U2 nicht gefallen, die haben sich U2 eigentlich noch nicht richtig angehört. Es ist eher so, daß sie eine Platte im Radio oder irgendwo anders mit halbem Ohr mithören.

1989

[*Hawkmoon*] ist mein Lieblingsstück; die letzten paar Sekunden davon jagen mir eine Heidenangst ein. Und *God Part II* – die Gitarre von Edge.

1989

Unser Publikum hat sich als sehr flexibel erwiesen. Sie gehen irgendwie mit der Einstellung ran: »Und, wohin geht's als nächstes?« In mancher Hinsicht sind sie uns einen Schritt voraus. Wir müssen unserem Publikum nicht sagen, wo's langgeht, sondern haben eher das Gefühl, daß sie bei jedem Schritt, den wir tun, unmittelbar hinter uns sind. Wir haben gedacht, wenn wir den U2-Sound völlig wegnehmen, wenn wir uns völlig der Gospelmusik verschreiben würden oder dem Country, dem Soul...

daß wir dann zwangsläufig mindestens fünfzig Prozent der U2-Fans loswerden, daß sie damit nicht fertig werden. Aber sie könnten es. Wir haben vielleicht das flexibelste Publikum überhaupt, wenn man bedenkt, wie wir uns in den letzten fünf Jahren entwickelt haben. Solange die Songs gut sind, werden sie ohne Wenn und Aber mitziehen. Wenn wir anfangen, Scheißsongs zu schreiben, dann weiß ich, es ist aus.

1989

Der Rock'n'Roll hat eine große Tradition, und wir sind ein Teil davon. Vielleicht findest du das komisch, aber wir haben gedacht, das wäre irgendwie das Bescheidenste, was wir tun könnten. Es war eine Platte von Fans – wir wollten zugeben, daß wir Fans sind. Und wir haben uns gedacht, daß Rock'n' Roll-Bands so was normalerweise nicht machen – wir alle wissen, daß sie Fans sind, aber sie geben es nicht zu. Die Rolling Stones haben es in gewisser Weise mit *Exile*

On Main Street getan, und das hatte für uns so was wie Vorbildfunktion. Aber wir wollten sogar noch einen Schritt weiter gehen und Bilder mit dazunehmen, weil es da draußen Leute gibt, die wahrscheinlich noch nicht einmal wissen, wer Billie Holiday ist oder B.B. King. Wir haben uns gedacht: »Wir haben U2, das ist eins, aber das vergessen wir jetzt mal fast und verlieren uns einfach in der Musik.«

November 1991

Wenn den Leuten *Rattle And Hum* nicht gefallen hat, dann werden sie das, was noch kommt, auch nicht mögen. Ich meine das nicht im musikalischen Sinn – ich meine damit, daß wir auch weiterhin Platten auf diese Art und Weise rausbringen werden. Wir haben jetzt damit angefangen, Platten für uns selbst zu machen und für unser eigenes Publikum, das sich alle unsere Platten genau anhört und das alle Feinheiten entdeckt. Wir sind die Grateful Dead der Neunziger.

November 1991

Ich meine, die Sache an *Spinal Tap* ist doch gerade, daß es alles wahr ist. Weißt du, wir sind nach Graceland und haben *Spinal Tap* ins Auge gesehen. Wir sind bis nach Graceland gegangen, und wir – also, immerhin haben wir wirklich gelacht, aber die Szenen haben wir dann rausgeschnitten… Jetzt lächeln wir nur noch süffisant.

März 1992

Vielleicht haben wir einfach nicht richtig aufgepaßt. Die ganze Sache war für uns nur ein Abfallprodukt, im besten Sinne des Wortes – nicht nur der Film, auch die Platte. Aber das zeigt, wieviel Macht die Medien haben. Wir haben ehrlich geglaubt, daß es eine Platte darüber ist, daß wir Fans des Rock'n' Roll sind. Und wir haben ein bißchen was von Johnny Cash hier, einen Song über Billie Holiday dort dazugetan, um zu zeigen, daß wir einfach nur Fans sind. Das war für uns so offensichtlich. Vielleicht haben wir nicht kapiert, wie erfolgreich wir tatsächlich sind, und daß es so aussehen würde, als ob wir mit diesen Leuten öfters zusammen wären und daß wir dementsprechend auch zu den Großen gehören. Wir haben es nie unter dem Aspekt betrachtet.

Februar 1993

Rattle And Hum – Der Film

Ich hatte eigentlich geglaubt, ich sehe aus wie Robert Wagner, bis ich mich auf der Leinwand gesehen habe. Ich hab mir diese Sache schließlich auf der Bühne angeschaut. Eigentlich hatten wir uns den Film so vorgestellt, daß der Regisseur Phil Joanou uns alle wie Filmstars aussehen läßt. Es war abgemacht, daß wir alle wie Montgomery Clift aussehen würden.

Oktober 1988

Wir haben jemanden gebraucht, der robust genug für das Leben auf Tour war, für diese ganze Lebensweise. Phil [Joanou] mußte es ertragen können, in einem Instru-

mentenkoffer eingesperrt zu sein...

Schließlich sind wir auf ihn eingegangen, und er hat den bestmöglichen Film aus uns rausgeholt. Aber eins hat mir an Phil Joanou überhaupt nicht gefallen – er sah besser aus als ich.

November 1988

In gewisser Hinsicht wünschte ich, *Sunday Bloody Sunday* wäre nicht im Film. Andererseits stehe ich aber auch zu allem, was ich gesagt habe, weil's die Wahrheit war. So haben wir uns gefühlt, an diesem bestimmten Tag, an diesem Abend. Es ist eher ein Tribut an Phil Joanou als an mich, weil er uns überredet hat, diesen Song zu spielen. Ich persönlich bin mir nicht so sicher, ob wir ihn jemals wieder spielen werden. So denk ich darüber. Es steht mir einfach bis hier – *Sunday Bloody Sunday* als Song, die ganze Bedeutung, die ihm beigemessen wird.

November 1988

Achtung Baby

Es hat zu Unrecht Anschuldigungen gegeben, wir hätten unsere Platte werbemäßig gepusht, was nun wirklich das letzte ist, was wir nötig haben. Deshalb halten wir den Mund, geben keine Interviews, wir reden mit niemandem: Wir wollen, daß die Musik für sich spricht. Man kann niemanden dazu überreden, eine Platte zu kaufen.

Ich kann einfach nicht glauben, daß wir die Platte fertig haben und sie draußen ist. Das ist für mich das wahrhaft Erstaunliche daran, denn wir haben ungefähr ein Jahr lang daran gearbeitet, und da vergißt man, daß die Leute sich die Platte, wenn sie dann draußen ist, anhören werden, so wie sie's jetzt tun. Es ist echt erstaunlich, zu hören, daß die Leute unsere Songs singen und sich in der Musik verlieren. Das find ich total schön, das ist toll.

November 1991

Meiner Meinung nach ist die Platte *Achtung Baby* auf je-den Fall ein neuer Anfang, es geht schubweise voran. Ich meine, da ist noch eine andere Platte, die zu dieser gehört, genauso wie *Rattle And Hum* zu *The Joshua Tree* gehört. Ich kenne diese Platte, ich kann sie im Kopf hören. Und wir haben schon Notizen, wir haben bereits Songs für unsere nächste Platte. Wo sie herkommen, gibt's noch mehr davon. Deshalb weiß ich schon, wie's weitergeht.

Februar 1992

Es ist ein ausgemachter Schwindel. Es ist alles Schwindel. Es ist nur eine Tour, um die Leute davon abzulenken, daß es eine ziemlich heftige Angelegenheit ist. Es ist unsere wahrscheinlich ernsteste Platte – und trotzdem die mit dem albernsten Titel. Und das hat alle in die Irre geführt. Sie haben alle gedacht, wir wären jetzt... na ja, wir würden die Dinge jetzt leichter nehmen. Was aber absolut nicht der Fall ist. Wir sind und bleiben einfach alte Miesepeter.

März 1992

Wenn man das Album gerade erst gekauft und mal reingehört hat, ist es bestimmt keine leichte Kost. Aber sollte Rock'n'Roll heute nicht genau so sein, ein bißchen schwierig, nicht leichtverdaulich? Ich meine, wir leben in der Junkfood-Generation, wo alles so nett ist, auf schön gemacht – und natürlich leicht zu verdauen. Und so wie ich das sehe, genauso leicht wieder auszuspucken. Ich glaube, Rock'n'Roll sollte nicht so leicht zu erklären sein, man sollte schon eine Weile dafür brauchen. Er sollte nicht auf dem Silbertablett präsentiert werden.

März 1992

Ja, das ist ein Song über Heuchelei. Es ist ein Song über meine eigene Heuchelei, da führt kein Weg dran vorbei. Damit haben wir auf *Achtung Baby* angefangen. Einfach mal einen Blick auf die Mechanismen deines eigenen Herzens werfen und damit beginnen.

Über »Acrobat«

Wir haben gedacht, jeder hätte die Nase gestrichen voll davon, uns reden zu hören, deshalb haben wir beschlossen, mal den Mund zu halten... jedenfalls so lange, bis wir herausgefunden haben, was wir eigentlich sagen wollen.

Wir wollten einfach keine Interviews geben, weil es das war, was erwartet wurde, außerdem ist es immer so, du hast ein Album fertig und mußt gleich darauf los und anfangen, dich zu erklären – dabei ist das der schlechteste Zeitpunkt, weil du noch so drinsteckst.

April 1992

Mit den Raubpressungen ist es so... Das einzig wirklich Ärgerliche ist, wenn die Leute viel Geld für etwas verlangen, was nicht sehr gut ist, und das war vielleicht bei [*Achtung Baby*] der Fall. Es ist von Berlin aus als Raubpressung verkauft worden, und das war so, wie wenn dein Notizbuch vorgelesen wird. Das war der Teil, der mir daran nicht gefallen

94

hat... Es waren keine großen, bisher unentdeckten Genie- streiche, es war größtenteils Kauderwelsch... aber es gab auch hier und da ein paar Sa- chen darauf, die mir dann ganz gut gefallen haben, als ich mir ein Exemplar davon besorgt hatte... Ich hab mir natürlich eins kaufen müs- sen.

April 1992

Auf die Frage, ob Edges Scheidung die Anregung für einen Teil von »Achtung Baby« geliefert hat:
Oh, da stecken viele Ge- schichten drin, auf keinen Fall nur seine. Im Prinzip ist es die Geschichte von nahezu jedem, den ich kenne. Die Leute klammern sich ver- zweifelt aneinander, gerade dann, wenn es sehr schwer ist. Und der bittersüße Love- song ist etwas, worin wir, glaube ich, sehr gut sind. Es ist eine Tradition, und ich glaube, Roy Orbison war der Größte in dieser Tradition.

Februar 1993

Es gibt diesen Bahnhof in Berlin... der Bahnhof Zoo,

der das Bindeglied zwischen Ost und West war. Dort sind auch die ganzen Immigran- ten durchgekommen, auf dem Weg zu ihren Großein- kaufstouren in Westberlin; dort hingen auch viele Nut- ten rum, es wurde viel ge- dealt. Zufällig war eine der Linien dort in der U-Bahn- Station die Linie U2, und wir konnten der Versuchung nicht widerstehen, ihr zu fol- gen...

Februar 1992

Das Hansa-Studio, wo wir *Achtung Baby* aufgenommen haben, ist sowohl von den Alliierten als auch von der SS als Ballsaal genutzt worden. Und als wir reingegangen sind, haben wir uns gefragt: »Gibt es noch irgendwelche Dämonen hier in diesem Raum?« Wir hatten das Ge- fühl, falls es dort irgendwel- che Dämonen gegeben hatte, dann hatte die Musik sie ver- trieben. Ich glaube, die Angst vor dem Teufel führt zu Teu- felsanbetung. Und ich möch- te Faschisten nicht soviel Macht über mich geben, daß ich Angst davor habe, in ein

Gebäude zu gehen, in dem sie früher mal waren. Man sollte diese Symbole verändern.

August 1993

Ich habe [in Sydney] damit angefangen, die Songs zu schreiben, aus denen dann *Achtung Baby* geworden ist. [In der Wohnung gegenüber] hat eine Frau gewohnt, die hab ich immer beobachtet, wenn ich morgens so um sechs, sieben Uhr nach Hause gekommen bin. Sie hatte Übergewicht und eine Punkfrisur, und sie kam ungefähr um dieselbe Zeit nach Hause wie ich. Ich hab mir für sie ein ganzes Leben ausgedacht – daß sie einen Punkclub führt, den ihre Eltern ihr finanzieren. Ich hab dann angefangen, sie durch ein Fernglas zu beobachten. Was entschuldigen wir nicht alles im Namen der Feindaufklärung! Eines Abends hab ich sie beobachtet und zufälligerweise mal zwei Fenster weiter nach oben geschaut. Da war eine andere Frau, die mich beobachtet hat! Ich war total wü-

tend! Ich war so sauer, daß ich aufgesprungen bin, sie als Miststück beschimpft habe und die Vorhänge zugezogen habe.

Mai 1995

Zooropa

Ich weiß, wie das ist, wenn man mit U2 auf Tournee ist und Abend für Abend emotional in die Pflicht genommen wird; es gibt nach jeder Tour diesen Prozeß, den man wohl am besten als »wieder runterkommen« bezeichnet. Dazu gehört auch, daß man den Tatterich kriegt, aber man ist nicht nach Alkohol oder Drogen süchtig. Für diese Substanz gibt's keinen Namen, aber sie hat dein Leben noch 'ne Weile im Griff, wenn die Tour vorbei ist. Dieses neue Album war irgendwo ein Versuch, sich auf diese Energie einzulassen und während der Tourpause lieber dort oben zu bleiben, als wieder auf die Erde zurückzukehren. Diesmal haben wir gesagt: »Okay, wir sind auf dem Mond – dann laßt uns mal da oben bleiben

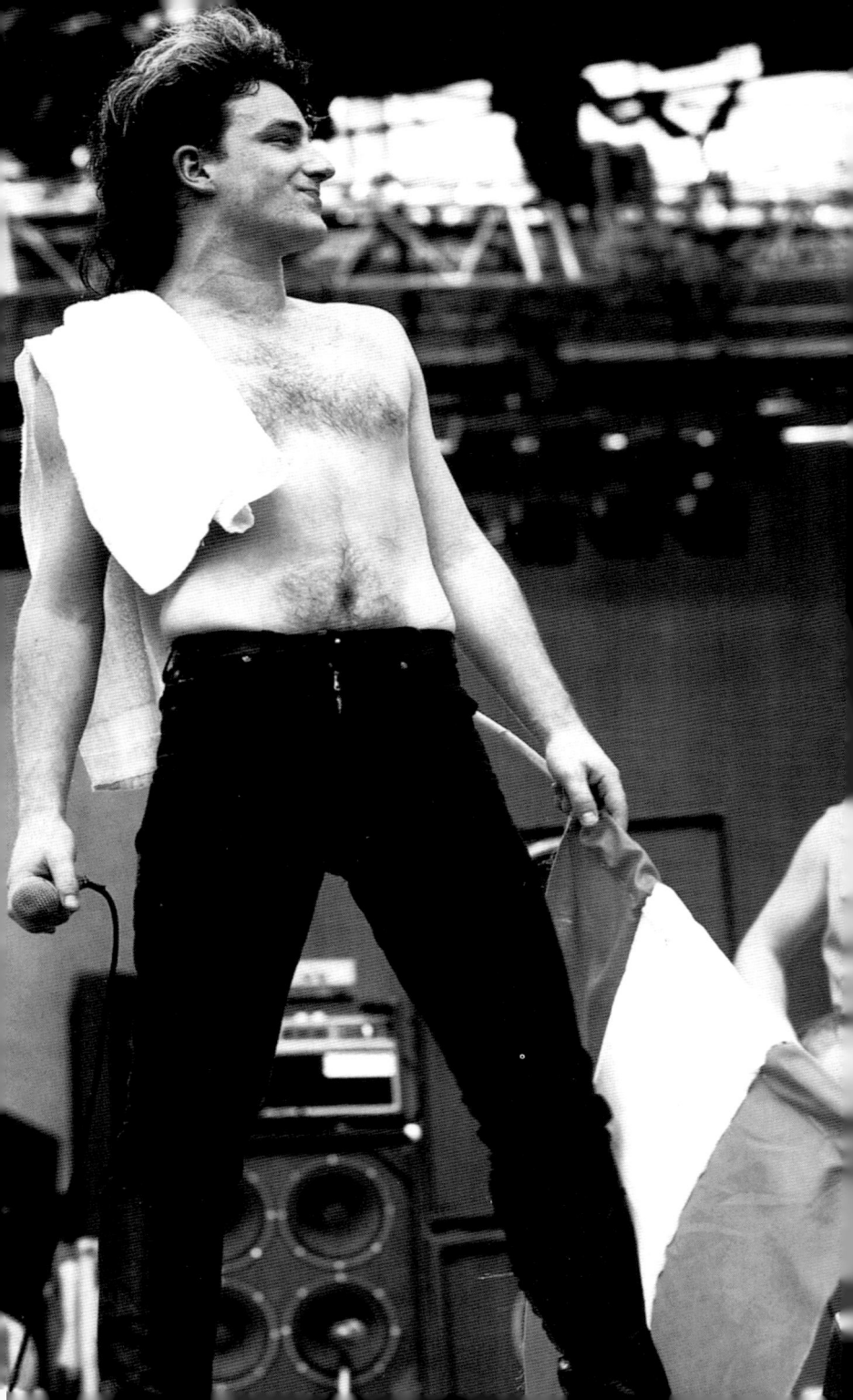

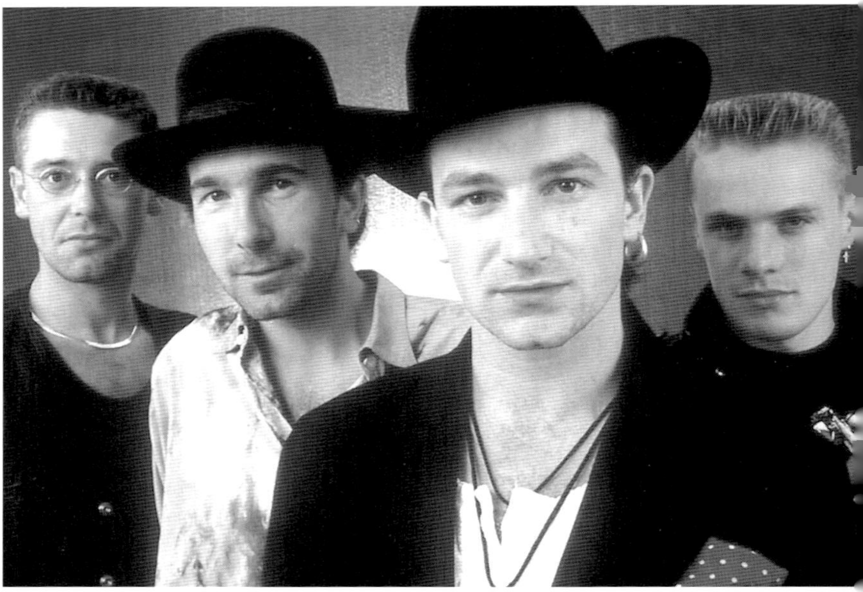

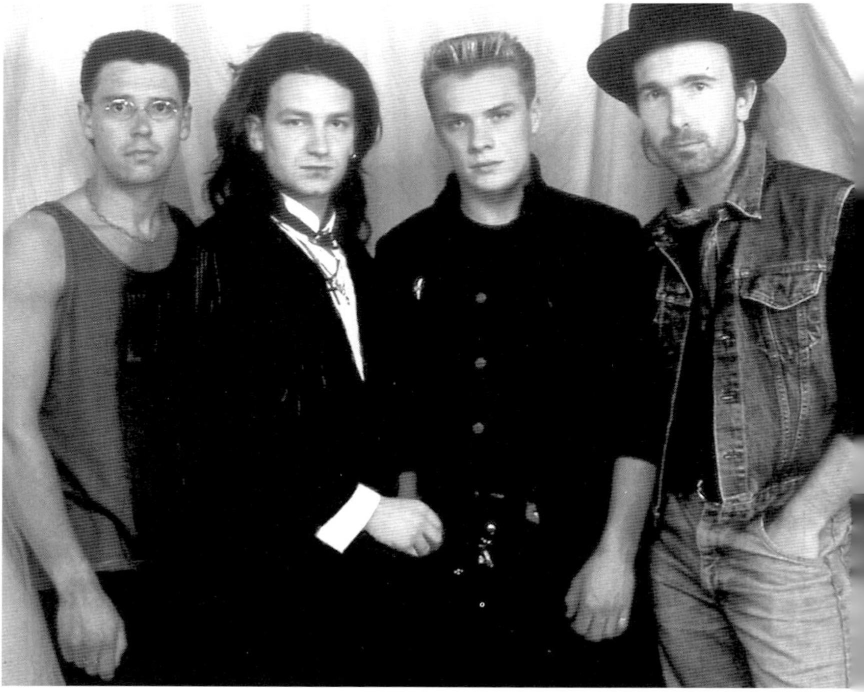

und eine Platte machen.« Aber es war unsere eigene Wahl, uns von diesem Gefühl weiter tragen zu lassen, anstatt einen Absturz zu riskieren.

Im wesentlichen kann man dieses Album also als einen »Ersatz-Kick« für uns zwischen zwei Tourneen betrachten. Es bleibt abzuwarten, ob die anderen diesen Kick auch erleben. Aber ich bin mir darüber im klaren, daß ein Teil von mir gar nicht nach Hause kommen möchte. Ein Teil von mir möchte auf dem Mond bleiben. Ob ich jetzt nach diesem Gefühl süchtig bin, das weiß ich, ehrlich gesagt, selbst nicht. Ich kann dir darauf keine Antwort geben.

August 1993

Ich will, daß es genau das ist: Eine legale Droge! Warum sollte man heutzutage sonst ein Album kaufen? Hast du mal was von [William] Gibson gelesen? Er schreibt so abgefahrene Science-Fiction-Sachen. Und [*Zooropa*] zeigt, was ich meine, wenn ich

sage, die Stimmungen auf dieser Platte sind sehr stark von dem beeinflußt, was er über die Zukunft schreibt.

August 1993

Das hier heißt *Babyface*. Und in dieser hellerleuchteten, kaputten Werbelandschaft, die wir auf der Bühne haben werden, lassen wir das Publikum durch ein Fenster schauen. Da ist ein Typ, der jemanden im Fernsehen sieht, irgendeine Persönlichkeit, eine berühmte Persönlichkeit, von der er besessen ist. Es geht darum, wie Leute mit Bildern spielen und dabei glauben, jemanden aufgrund des Bildes, das er abgibt, zu kennen, und daß sie durch das Bedienen eines Geräts, von dem sie in Wahrheit selbst kontrolliert werden, eine gewisse Macht ausüben können.

August 1993

Iggy Pop hatte großen Einfluß auf mich, gerade was seine Art angeht, Songs während eines Auftritts zu erfinden. [*Dirty Day*] ist deshalb wirklich U2 im Rohzustand. Momentan spiele ich mit der Idee, daß immer wieder etwas vor mir aufblinkt, während ich die Musik höre, ein Bild von einem Vater, der seinem Sohn einen surrealistischen Rat gibt. In meiner Vorstellung sehe ich auch Charles Bukowski und höre seine Art von Rat: »Nenn nie deinen richtigen Namen!«

Aber egal, welchen Text ich am Ende dazudichte, die Musik kommt mir auf jeden Fall sehr traurig vor. Was ich darin zum Ausdruck bringen will, ist: »Mach's besser, Sohn!« Ich hab so das Gefühl, daß der Vater sich verpißt hat oder so was. Aber vielleicht hat am Ende alles mit Gorbatschow zu tun! Aber das, was man da hört, ist die Grundlage für etwas, was wahrscheinlich ein Song wird, und der schöpferische Prozeß wird sehr stark bestimmt durch die Atmosphäre, die die Band erzeugt, während sie improvisiert. Dadurch wird festgelegt, welche Art von Text der Song letzten Endes erhält.

August 1993

Auch wenn [*Daddy's Gonna Pay For Your Crashed Car*] studiotechnisch sehr stark bearbeitet worden ist – das Entscheidende daran ist, daß der Song erst durch diesen Vorgang entstanden ist, er ist nicht etwa als Blues geschrieben und dann mit großem Aufwand abgemischt worden. Er wurde sozusagen verkehrt herum geschrieben. Trotzdem ist er für mich auf alle Fälle ein Blues für die Neunziger, so nah an seinen Wurzeln, wie ein Song es nur sein kann.

August 1993

Edge listet da eine ganze Menge Dinge auf, eins nach dem anderen. [*Numb*] ist so 'ne Art Musik für Einkaufspassagen, aber ihm liegt eine finstere Energie zugrunde, die wir hier anzapfen, wie bei vielen Sachen auf *Achtung Baby*. Und bei diesem Song hier singe ich mit meiner »Fettes Weib«-Stimme, wie ich sie auch schon auf *The Fly* benutzt habe. In uns allen steckt eine riesige, dicke Mamma! Aber man braucht diesen hohen Klagegesang als

Gegenstück zur Baß-Stimme, weil der Song fast überladen ist, mit all den Kräften, die von verschiedenen Seiten auf dich einwirken, und du hast keine Möglichkeit, darauf zu reagieren. Wir versuchen uns in diesem Song in den Kopf von jemandem hineinzuversetzen. Das heißt, wir versuchen, ein Gefühl der Reizüberflutung zu schaffen.

August 1993

Für uns ist das eine neue Arbeitsweise. Wir haben audiovisuelle Schleifen aufgenommen und mit ihnen gearbeitet. Diese Schlagzeug-Sequenz [*In Cold Blood*] stammt aus einer Szene bei den Olympischen Spielen 1936, wo ein elfjähriger Junge auf einer Trommel spielt. Und wir werden diese Sequenz in genau dem Stadion verwenden, wo dieser Junge gespielt hat, nämlich in Berlin. Das wird ein gruseliger Moment, denn dieser Junge lebt womöglich noch... Ich werde vor einer vier mal vier Meter großen Leinwand stehen, auf der man diesen Jungen sieht, wie er auf seiner Trommel spielt.

August 1993

Zur Zeit weiß ich noch nicht, wie es am Ende aussehen wird, aber wir haben mit einer Menge Videocracks aus den USA und Europa zusammengearbeitet. Einiges von dem Zeug, was wir heute machen, paßt zu dem, was gerade nicht nur in Deutschland, sondern in ganz Europa abläuft – ich meine damit die neuen Faschisten. Mit *Zooropa* versuchen wir, auf die Wurzeln der Berliner Dadaisten zurückzugehen und Humor einzusetzen, sozusagen um den Teufel auf die Schippe zu nehmen.

Wir nehmen diese Macho-Seite des Faschismus und ziehen sie durch den Kakao. Weil es das überall gibt, selbst hier in Irland. Wir wissen nicht genau, was wir damit vorhaben. Wir experimentieren nur. Hinter »Zoo TV« steckt keine bestimmte Philosophie, die Show lebt von dem, was gerade in der Luft liegt, was gesendet wird – genau das wird in unserer

Show landen.

Momentan bin ich ziemlich angetan von vielen der Dadaisten aus dem Deutschland der dreißiger Jahre, weil es Parallelen gibt zwischen unserer Zeit und der ihren. Ich bin auch von John Heartfield sehr beeindruckt, der hat vor kurzem eine Ausstellung in Dublin gemacht. Aber die Leute vom Cabaret Voltaire, das sind für mich die besten! Schließlich ist es doch so, daß die neuen Faschisten – ganz ähnlich wie unsere Faschisten, die Provos [Mitglieder der im Guerilla-Stil organisierten »Provisional IRA«] – sehr auf Angst bauen. Und Humor und Lachen sind für mich der Beweis, daß man frei ist.

Die Dadaisten zum Beispiel hatten zu ihrer Zeit eine starke Position, weil sie die Fähigkeit hatten, den Faschisten die gestärkten Hosen runterzuziehen und sich über sie lustig zu machen. Und deshalb sind sie verboten worden. Ich glaube wirklich, daß man daraus viel lernen

kann. Ich jedenfalls hab mit Sicherheit viel daraus gelernt, was die Geisteshaltung angeht, und in bezug darauf, wie ich mich durch unsere Kunst ausdrücken kann. Das subversive Potential im Humor ist für U2 etwas Neues.
August 1993

Ehrlich gesagt, bin ich mir bei vielen der Songs nicht ganz sicher, um was es geht, sie sind einfach irgendwie… so rausgekommen. Sachen wie *Daddy's Gonna Pay For Your Crashed Car* vermitteln sicher das Gefühl von etwas Bösem. Der Song könnte von Abhängigkeit handeln oder etwas noch Finstererem. Es ist ein elektrisch verstärkter Blues, da zeigt sich wieder der Robert-Johnson-Einfluß. Man verscherbelt seine Seele an den Teufel.
September 1993

[*Lemon* nimmt] die Macht der Vorstellungskraft [unter die Lupe], die Gedanken gehen in zwei verschiedene Richtungen gleichzeitig – Studio 54 und Disco Duck

von heute. Der Kopfstim-
menpart kam völlig natür-
lich. Ich hab schon immer
das Gefühl gehabt, daß da
eine dicke Frau in mir steckt,
die versucht, aus mir rauszu-
brechen. Keine Ahnung, was
Freud damit anfangen wür-
de!

September 1993

Ich sag dir mal was: Dieser
Song fing als Al-Green-Soul-
nummer an... Er ist so düster und tiefschürfend, ich
glaube, wir wollen gar nicht
wissen, um was es darin geht.
Über »The First Time«,
September 1993

Wenn wir mit einer Platte
anfangen, kommt Edge im-
mer nur langsam in die Gän-
ge. Er ist nicht so schnell für
ein Vorhaben zu begeistern.
Aber gegen Ende, wenn alle
anderen schon nachlassen, ist
er derjenige, der sich noch
wochenlang die Nächte um
die Ohren schlägt. Ich meine,
ich zum Beispiel reagiere
nach ein paar Wochen allergisch auf das Studio. Wir
wollten das »Babysitting«,

das Edge leistet, mal würdi-
gen.
*Über die ausdrückliche Nen-
nung von Edge als Produ-
zent, Oktober 1993*

Eines, was bei dieser Platte
geklappt hat, war, daß wir sie
so schnell fertig hatten. Edge
ist ein großer Bastler, aber
wir haben ihm nicht soviel
Zeit dafür gelassen – und das
war toll. Er hatte eher den
Überblick, weil er nicht so
sehr mit den Details beschäftigt war.

Oktober 1993

Wir waren selbst überrascht,
daß wir soviel von *Zooropa*
verkaufen konnten. Immer-
hin war es ein sehr experi-
mentell angelegtes Album
mit einer komplett chaoti-
schen Atmosphäre. Zudem
war bei den Aufnahmen eine
Menge Philosophie in die
Platte eingeflossen, viele Ver-
renkungen, viel Ungewiß-
heit. Wenn ich *Zooropa* zu-
rückblickend kritisieren
müßte, dann würde ich sa-
gen, daß die Platte viel zu
kopflastig war.
The Edge, März 1997

Passengers: Original Soundtracks I

Brian Eno ist schon seit vielen Jahren unser Produzent, und es war echt schön, in einer Band zu sein, in der er mal dran ist. Das ist eine sehr ungewöhnliche Platte, die wir da gerade mit Brian gemacht haben. Er hat ein außergewöhnliches musikalisches Vorstellungsvermögen, und wir haben im Laufe der Jahre eine Menge von ihm gelernt. Gewöhnlich spielt er die Rolle der Nervensäge, er ist im Studio jemand, der Unruhe stiftet und dann dafür sorgen muß, daß alles klappt. Diesmal hatte er keine andere Verantwortung, als Erfolg zu haben, und wir freuen uns, seine Begleitband sein zu dürfen. Da ist einiges interessantes Material drauf, es ist eine Wahnsinnsscheibe. Sie ist sicher nicht für jedermann etwas, und es ist auch keine Rockplatte. Es ist eher so was wie eine Nachtfahrt in einem schnellen Zug.

[Der Song] handelt von einem Schönheitswettbewerb.

Die Botschaft ist nicht: »Die Dinge in Sarajevo stehen wirklich schlecht, bitte gebt uns etwas Geld, und ich selbst nehm ein bißchen weniger.«
Über »Miss Sarajevo«

Mother Records

John Lydon ist stark an traditioneller Musik interessiert. Ich ruf ihn nachher an, um mit ihm über Dublin zu sprechen und zu fragen, ob er bei einer Platte mitmachen will, die wir bei Mother aufnehmen möchten. Er könnte sie vielleicht produzieren oder einfach nur irgendwie mitmachen, weil er der völlige Gegensatz zu diesen traditionellen irischen Musikern wäre, und wenn ich beide Seiten bei Mother zusammenbringen könnte, als Mittelsmann – das könnte eine unglaubliche Sache werden. Ich würde gern hören, welche Vorstellungen er dazu hat.
Mai 1981

[Vor Mother] gab's nichts und niemanden, wo du dich

hinwenden konntest, wenn du Rat gebraucht hast. Klar, Leute wie Bob Geldof und Phil Lynott, Gott hab ihn selig, haben ausgeholfen, wenn sie konnten, und ich erinnere mich, daß Adam Phil mal morgens um acht angerufen hat, um ihn etwas wegen einem Plattenvertrag zu fragen! Aber das war's dann auch schon. Hoffentlich haben die Leute heute nicht auch das Gefühl, daß sie kaum Hilfe bekommen, und empfinden nicht so einen Druck, aus dem Land wegzumüssen, bevor sie wirklich dafür bereit sind.

Februar 1986

Mother hatte eigentlich das, was man einen Fehlstart nennt, weil wir die Single von In Tua Nua vor ungefähr anderthalb Jahren veröffentlicht haben und dann nichts weiter. Aber genauso möchten wir das. Es soll keine Plattenfirma oder ein Label sein, das regelmäßig Sachen rausbringt und Bands mit Verträgen an sich bindet oder so. Es ist nur eine Starthilfe für diese erste Zeit, wenn die meisten Bands hier noch nicht mal eine Single rausbringen können. Wenn danach eine Plattenfirma ankommt und die Band unter Vertrag nimmt, dann ist das gut so.

Februar 1988

Pop

Pop ist das Gefühl eines Moments. Dieses Album ist unsere Version von Pop. Rock'n'Roll, wie er heute klingen sollte.

* *März 1997*

Vielleicht hatten manche Leute wegen der Reihenfolge der Songs Probleme mit der Platte. Vielleicht lag es daran, daß wir mit Stücken wie *Mofo* und *Discothèque* gleich zu Beginn den Rhythmus so hervorgehoben haben… vielleicht hat das die Leute abgeschreckt.

Februar 1998

Während der langen Pause verbrachten Edge und ich mit unseren Familien einige Zeit in Nizza. Wir haben viel

Musik gehört und darüber nachgedacht, was wir als nächstes machen wollen, und wir waren fasziniert von den zwei Musikrichtungen, die sich immer deutlicher ausprägen. Einerseits gefiel uns der englische Trend, Popsongs im traditionellen Stil von Lennon/McCartney und Lou Reed zu schreiben, in der Art von Noel Gallagher und Oasis. Andererseits beeindruckte uns die Energie und Risikobereitschaft von Techno und HipHop. Wir beschlossen also, die beiden Disziplinen zusammenzubringen. Darum geht es bei dieser Platte.

* Februar 1997

Ich glaube, wir brauchten die [einjährige] Pause, um voneinander loszukommen und musikalische Möglichkeiten zu erkunden, ohne darüber nachzudenken, was U2 als nächstes machen sollten. Ich zog nach New York, studierte dort eine Zeitlang Musik und beschäftigte mich mit den technischen Aspekten des Baßspielens. Als wir wie-

der zusammenkamen, stellten wir fest, daß wir alle die gleiche Art von Musik mochten. Ich hörte vorzugsweise Bands wie Leftfield, Massive Attack oder Underworld. Bono und The Edge standen auf The Prodigy und die Chemical Brothers. Es war klar, daß wir ein paar dieser Elemente in unsere Musik einbauen würden.

* Adam Clayton, Februar 1997

Auch die japanischen Kalligraphen haben mitunter ein ganzes Jahr gebraucht, um ihre Tusche zu mischen. Für die Buchstaben aber, die sie dann mit dieser Tusche gezeichnet haben, benötigten sie nur ein paar Augenblicke. Auch uns sind die Zeichnungen flott von der Hand gegangen. Aber es hat lange gedauert, bis alles vorbereitet war.

* März 1997

Nach *Achtung Baby* wurde immer wieder darüber geredet, daß U2 sich neu erfunden hätten, vermutlich stimmt das auch irgendwie. Aber diese Veränderungen waren nicht strategisch geplant, sie sind entstanden, weil wir uns dafür interessieren, was andere Musiker machen, und weil wir uns von ihnen inspirieren lassen. So übernimmt man eine andere Ästhetik und versucht Dinge, die man vorher noch nie ausprobiert hat. Auf diese Weise lernt und wächst man.

* The Edge, Februar 1997

Adam und Larry sind die Stars auf *Pop*. Auf *Rattle And Hum* sind wir zum schwarzen Rhythm & Blues zurückgekehrt, zum Sex in der Rockmusik. Dort knüpfen wir jetzt an. Und zwar deshalb, weil der weiße Aufruhr keine Hüften hat. Nimm nur allein die Hip Hopper. Obwohl sie jede Menge Wut im Bauch haben, zeigen sie immer auch Hüfte. Es gibt also viel, was wir von der schwarzen Musik lernen können. Trotzdem bleiben Bands wie wir immer nur weiß – oder vielleicht bestenfalls rosa.

* März 1997

The Million Dollar Hotel

Das ist ein Soundtrack im altmodischen Sinn des Wortes, durch den sich eine einzige Stimmung zieht, in verschiedenen Variationen. Solche Soundtracks haben mir schon immer total gut gefallen. Wie der von *Paris, Texas* oder auch von *Der Pate*, es hat wirklich ein paar ganz tolle in der Art gegeben. Heute sind Soundtracks nur eine Anhäufung von Songs, die sowohl für den Künstler als auch für den Film die Werbetrommel rühren sollen.

März 2000

Was hat dich dazu angeregt, »The Million Dollar Hotel« zu schreiben?
Für mich gab es da noch eine Arbeit aus den Achtzigern zu vollenden. Damals haben wir uns mit Amerika beschäftigt, es hat uns als Thema fasziniert. Wir hatten *The Joshua Tree* und *Rattle And Hum* aufgenommen. Wim Wenders hatte sich merkwürdigerweise in *Paris, Texas* mit dem gleichen Thema ausein-

andergesetzt. Ich war einfach der Meinung, es wäre eine großartige Metapher für diese andere Seite von Amerika, die Seite, die man normalerweise nicht sieht... Und gleichzeitig ein interessanter Rahmen für eine Lovestory, denn am Anfang geht's zwar um einen Mordfall und dann um diesen Kunst-Beschiß, aber schließlich und endlich steht man nur noch mit der Lovestory da. Dieser wunderschönen Lovestory.

März 2000

Wie sehr war Wim Wenders an der Entstehung des Soundtracks beteiligt?
Ich glaube, ja ich bin davon überzeugt, daß er sich mehr Musik anhört, als daß er sich Filme anschaut. Er ist schon immer ein Musikfan gewesen, Musik hat auch immer zu seiner Arbeit dazugehört, und als wir den Soundtrack gemacht haben, hat er vorbeigeschaut, hat sich dazugesetzt und sein Teil dazu beigetragen. Er hat nicht gerade die Blechflöte gespielt, aber er war voll dabei. Der

Soundtrack hat viel Spaß gemacht, weil wir live zum Film improvisiert haben; während der Film lief, haben wir dazu gespielt. Wir haben eine tolle Band dafür zusammengestellt, mit einem genialen Trompeter namens Jon Hassell, und haben einfach... es ist so eine Art Jazz-Soundtrack.

März 2000

Wir haben im ganzen Studio riesige Fernseher aufgestellt, uns den Film angesehen und live dazu gespielt. Die Band bestand aus so großartigen Musikern wie Brian Eno, Daniel Lanois, Bill Frisell, Greg Cohen und einem sagenhaften Schlagzeuger namens Brian Blade. Bei dem Aufgebot hab ich nur gedacht: »Mann, da geht der Punk ab« – ich, mit all diesen Musikern im Studio... Es war echt klasse. Larry und Adam sind gelegentlich dazugestoßen und haben ein bißchen eingeheizt, denn diese Musiker kommen vom Jazz, die können nicht so richtig abrocken. An einem gewissen Punkt brauchten wir was richtig Hartes – und das bringen die einfach nicht.

März 2000

Hast du je erwogen, selbst in dem Film mitzuspielen, oder hat dich von vornherein nur das Schreiben interessiert?
Die Sache hat mich interessiert, weil ich es leid war, in der Ich-Perspektive zu schreiben. Ehrlich gesagt wollte ich mal Urlaub von mir selbst. Bei U2 machen wir einfach keine Songs, die richtige Geschichten erzählen, ich schreibe normalerweise immer aus einer einzigen Perspektive. Es war einfach mal schön, in verschiedene Charaktere einzutauchen. Das war der Reiz an der Sache, und man kann das auf zwei Arten erreichen. Entweder man übernimmt eine Rolle, und sie haben auch ein paarmal versucht, mich dazu zu überreden, aber ich habe gekniffen. Julian Sands spielt die Rolle, die mich am meisten interessiert hat, er hat sogar meine Brille auf. Das ist eine meiner

Lieblingsszenen. [...] Man kann also entweder selber mitspielen oder man schreibt, produziert. Ich hab eine Menge darüber gelernt, wie man so einen Film auf die Beine stellt.

März 2000

Ich bin der Pflegevater für Bonos [und Drehbuchautor Nicholas Klines] Baby. Die beiden haben ein Kind bekommen und es mir anvertraut, damit ich ihm das Laufen beibringe. Dadurch haben wir drei ein sehr enges Verhältnis zueinander, das nach sieben Jahren der Zusammenarbeit um so enger ist.

Wim Wenders, März 2000

Salman Rushdie hat ein Buch über eine Rockband aus Indien geschrieben und ein paar Texte über eine frei erfundene Band, und er hat mich gebeten, sie zu vertonen. Das hab ich getan, und U2 haben diesen Song names *The Ground Beneath Her Feet* aufgenommen – der ultimative Lovesong. Wim

fand, der wäre für den
Schluß des Films ideal.

März 2000

Die Konzerte

Ich bin wie ein Clown, der die Leute an die Bühne lockt... Das ist, wie wenn du einen Magneten an Eisenspäne hältst, so ziehst du sie an. Und wenn du sie erst mal da hast, wo du sie hin haben willst, kannst du sie füttern, ihnen geben, was du hast. Wir geben, die Leute schauen, und dann geben wir alles... und das kann die Gefühle der Leute berühren, daher haben wir ein empfindsames Publikum, Leute, die bewußt wahrnehmen. Weißt du, auf der Bühne bin ich vielleicht ein Held, aber jenseits der Bühne bin ich das genaue Gegenteil. Es gibt also dieses Heldenimage, das zum Rock'n'Roll gehört, und die Realität, die so aussieht, daß ich mich anschlie-ßend mit Fans treffe und kein Wort rauskriege, weil ich so verlegen bin.

November 1979

Manchmal, wenn wir auf der Bühne waren, haben wir diesen Funken gespürt, weil die Leute auf uns reagiert haben, auch zu der Zeit, als wir nur vier Akkorde spielen konnten. Wir haben uns gedacht, selbst wenn uns spieltechnisch einiges fehlt, haben wir doch immerhin diesen Funken.

Juni 1980

Man lernt viel übereinander. Manchmal sitzt du vielleicht in deiner Garderobe, kurz bevor du auf die Bühne gehst, und es ist wieder eine andere Stadt, eine weitere

Stadt, und dann dreht sich vielleicht Larry zu uns anderen rum und sagt: »Wieder so'n Konzert...« Und dann packst du ihn beim Schlafittchen, drückst ihn gegen die Wand und machst ihm klar, daß das genau der Grund ist, weshalb wir dort sind. Wir sind nicht gekommen, um irgend etwas runterzuspulen. Und Larry wird es mit mir genauso machen. Wir haben gelernt, uns gegenseitig hochzuziehen, wenn einer von uns träge wird. Und erst durch den Kampf gegen diesen Überdruß oder diese Trägheit wird ein Gig zu einem ganz besonderen Gig. Es hängt alles von deiner Einstellung ab.

Mai 1981

Das Konzert in der RDS [Royal Dublin Society] war das erfolgreichste Konzert in dieser Größenordnung, das ich in Dublin je erlebt habe. Da war so eine Feierstimmung, von der ersten bis zur letzten Reihe. Wenn so ein Gefühl zwischen Band und Publikum entsteht, ver-

schlägt es mir immer den Atem.

Januar 1982

Wir glauben fest an die Leute, die zu unseren Konzerten kommen. Das ist das Entscheidende an unserem Verhältnis zu unserem Publikum.

Februar 1982

Deine Knie fangen an zu zittern, dein Adrenalin spielt allmählich verrückt, du schlotterst dir einen ab, das Blut schießt dir durch die Adern. Und du denkst: »Stimmt, diese Band hat was.«

Februar 1982

Worauf ich wirklich stehe, das sind die Leute, die auf uns stehen. Sie sind bereit zu geben, sie sind als Publikum darauf ausgerichtet zu reagieren. Genau das haben wir uns gewünscht, als wir noch eine Garagenband waren. Wir wollten dieses Absolute. Daß die Leute einfach high sind.

Februar 1982

Für mich ist das Touren ein Lernprozeß. Jede Bühne hat einen anderen Klang, ein anderes Umfeld. Wenn man aus einem so kleinen Land wie Irland kommt und dann in die Welt hinauszieht, fühlt man sich echt privilegiert. Und der einzige Weg, etwas rüberzubringen, ist, in diese Länder zu fahren und den Leuten die Möglichkeit zu geben, sich ihre eigene Meinung zu bilden.

Februar 1982

Unsere Musik und die Musik von Bands aus unserer Musikrichtung wird nur dann gehört und im Radio gespielt, wenn wir auf Tour gehen – und das wird wieder anderen Bands den Weg ebnen. Wir gehen zu Radiosendern und reden uns den Mund fusselig über Bands, die wir gut finden.

Februar 1982

Wenn die Leute bei einem unserer Konzerte durch die Tür kommen, liegt erst mal eine gewisse Spannung in der Luft – und dann, wenn wir spielen, macht sich ein Gefühl von Einheit breit. Die Leute kommen schweißgebadet aus dem Konzert, sind aufgedreht, reden miteinander.

Februar 1982

Ich mag Musik nur, wenn sie eine heilsame Wirkung hat. Ich mag es nicht, wenn die Leute nach den Konzerten noch angespannt sind. Ich möchte, daß die Leute aus unseren Konzerten rausgehen und dem Leben wieder positiv gegenüberstehen, ein bißchen freier. Die Dinge sehen vielleicht ein bißchen düster aus, aber es gibt immer Hoffnung.

Februar 1983

Wir hatten mal einen Gig in Irland, da war ich auf der Herrentoilette und hab versucht zu pinkeln. Und die ganze Zeit über hat so'n Typ hinter mir gestanden und mich angestarrt, und ich konnte einfach nicht. Na ja, irgendwann hat's schließlich doch geklappt, und als ich dann auf dem Weg nach

111

draußen war, hat er sich zu mir umgedreht und gemeint: »Wohl Lampenfieber, was, Bono?«

November 1984

Ich glaube, die Leute im Publikum wissen mehr über die Leute in der Band, als man denkt. Die Presse konzentriert sich manchmal auf eine Seite der Persönlichkeit, und ich glaube, manchmal werde ich schon sehr eindimensional dargestellt, aber… Ich glaube, die Musik ist besser als der Musiker, und das Publikum ist besser als der Journalist. Damit beschäftige ich mich gerade, daß sie über diese Dinge Bescheid wissen. Sie kennen sich mit Musik aus, die breite Masse, die wissen Bescheid.

November 1984

Wir waren alle völlig ungebildet, als wir mit der Schule fertig waren. Wir haben durch die Tourneen gelernt. Es ärgert mich, wenn ich sehe, wie U2 auf Tour in der Presse dargestellt werden, als wäre es nur Streß, eine rich-

tige Strafe. Ich genieße es, wenn ich aus dem Busfenster schaue und Denver sehe oder wenn ich von Edinburgh nach Glasgow fahre. Frag doch nur mal Echo and The Bunnymen, oder die Simple Minds… das sind die Bands, die auch gerade auf Tour sind. Es langweilt uns nicht. Es ist keine Strafe.

Oktober 1984

Wir sind eigentlich immer noch fahrende Musikanten, nur haben wir heute Reisebusse und computergesteuerte Mischpulte.

November 1984

Wenn Sicherheitsleute auf die Band losgehen, dann fängst du an, dir Gedanken zu machen, was du eigentlich auf einer Bühne machst. Ich werde nun einmal nicht zulassen, daß sie das Publikum angehen, und das hat den Streit ausgelöst.

Nachdem in der Radio City Music Hall Rausschmeißer die Band auf der Bühne angegriffen hatten, Dezember 1985

Diese Sache bei *War*, das waren symbolische Gesten, nichts weiter. Die weiße Flagge... Ich hatte genug von grün, weiß, orange, dem Union Jack und den Stars and Stripes. Ich wünschte, man könnte die ganzen Farben rauswaschen, so daß nur eine weiße Fahne übrigbleibt. Ich hatte das Gefühl, viele Leute wollten, daß das mal gesagt wird – viele Leute aus unserem Publikum. Es war etwas ungeheuer Schlichtes, und die Wut, die damals herausgebrochen ist... Wut ist bei jemandem wie mir eine sehr gefährliche Sache! Es kann so wirken, als ob ich wütend auf das Publikum wäre, böse auf sie. Bei U2 geht's aber immer um uns, ich schreib nie Songs über »euch« oder »sie«. Es heißt »uns«, »wir«, oder »ich«. Immer. Das ist ein großer Unterschied.

November 1984

Ich bin noch nie auf ein U2-Konzert gegangen, deshalb weiß ich nicht, warum jemand auf eins würde gehen wollen. Aber ich bin sehr froh darüber, daß sie's tun.

Mai 1985

Für mich ist die einzig mögliche Art und Weise, auf der Bühne zu singen, wenn ich wirklich darin aufgehe, und wenn ich bei den anderen etwas anderes als völliges Engagement spüre, dann werde ich sehr feindselig, und gelegentlich hat das schon zu ein bißchen Tumult geführt. Manche Leute kommen zu einem Konzert von U2 und erwarten, mich in friedfertigem Safran zu sehen.

März 1987

Ich hab mich immer über die Bühne geärgert, das Gefühl gehabt, sie schränkt uns und die Musik ein, und deshalb bin ich immer runtergesprungen oder die Wände hochgeklettert. Aber letztlich hat das einen falschen Eindruck erweckt, so als ob ich mich von meinem Sockel zu den Massen herunterbegebe.

März 1987

113

Ich habe für mich beschlossen, daß Worte mehr sagen als Taten. Ich muß Taten Taten sein lassen. Es hat mich immer geärgert, auf einer Bühne zu stehen, mich hat diese Barriere zwischen mir und dem Publikum immer gestört, und das hat dann zu diesem berüchtigten Gig in Los Angeles geführt, wo ich vom obersten Rang gefallen bin und es daraufhin zu einem Aufruhr gekommen ist, bei dem Leute hätten verletzt werden können. Die Band hat mich hinter der Bühne zur Seite genommen und zu mir gesagt: »Hör zu, du bist der Sänger in einer Band, du mußt einfach nur da rausgehen und singen. Die Leute im Publikum verstehen die Situation. Du mußt sie nicht immer daran erinnern, daß U2 keine Stars sind, die man anbeten soll – das wissen sie bereits.«

März 1987

Wir möchten, daß die Leute in unserem Publikum darüber nachdenken, was sie tun und wo sie hin möchten, damit sie sich über den Druck klarwerden, der auf ihnen lastet, daß sie aber auch gleichzeitig nicht aufgeben.

1987

Zu Beginn des Jahres hatte ich noch ein Kinn, das mir besser gefallen hat, zwei Schultergelenke, die einwandfrei funktioniert haben, eine Stimme, mit der ich singen konnte, und meinen gesunden Menschenverstand im großen und ganzen auch... 1987 war wie eine Fahrt mit der Geisterbahn. Man will eigentlich nicht rein, trotzdem macht man's, und drinnen ist es stockfinster. Im Laufe des Jahres hab ich manchmal daran gedacht, mich feige rauszuschleichen. Besonders als ich mir die Schulter kaputtgemacht habe. Mit 50 000 bis 70 000 Leuten fertig zu werden ist schon mit zwei Armen schwer genug! In Boston hab ich das Konzert unterbrochen und den Leuten angeboten, ihnen das Geld zurückzugeben. Ich hab mich oft so gefühlt. Es hat Momente gegeben, da bin ich zum Veranstalter und hab gesagt: »Hör zu, das Ganze war ein Riesenfehler. Warum blasen wir nicht die ganze Sache ab?«

Dezember 1987

U2 ziehen ein buntgemischtes Publikum an. Als wir in den Vereinigten Staaten gespielt haben, sind Collegedozenten auf die Konzerte gekommen, die eine wissenschaftliche Abhandlung über Edges Gitarrensound schreiben wollten; da sind Leute dabei, die mögen U2, weil sie der Meinung sind, daß Larry Mullen Jr. wie James Dean aussieht; es gibt Leute, die mögen uns, weil sie mich für Johannes Paul II. halten. Bei U2-Konzerten ist alles und jeder vertreten.

1988

Man darf auf niemanden herabsehen, nur weil er erst vierzehn ist. Als ich so alt war, hab ich die Musik von John Lennon gehört, und das hat meine Sichtweise verändert. Deshalb bin ich froh, daß

Vierzehnjährige auf U2-Konzerte gehen anstatt zur Band XY.

1988

Es kann lange dauern, nach einer Tour wieder auf ein normales Level zurückzukehren. Man leidet da an etwas, das man in der Seemannssprache die Taucherkrankheit nennt. Es ist eine Art Druckverminderung, die notwendig ist, und viele Leute kommen da überhaupt nicht mit klar. Ich kann mir vorstellen, daß es bei vielen Leuten so ist, die sehr schnell Erfolg gehabt haben. Denen fällt es dann schwer, jemals wieder auf den Boden zurückzukommen, aber, äh... ich hab's geschafft.

Die Bühne ist letzten Endes nichts anderes als ein Plateauschuh – sie trägt doch einzig und allein dazu bei, uns größer scheinen zu lassen. Ich finde, mich als Teufel zu verkleiden war eine tolle Sache, und ich hab jede Minute davon genossen. Eigentlich vermiß ich den Kerl

115

sogar. Es war echt erstaunlich, da war diese eine Frau, Eunice Schreiber heißt sie… sie hat die Behindertenolympiade mit vorbereitet, eine aus dem Kennedy-Clan, also wohl irischstämmige Amerikanerin… die war auf einem unserer Konzerte, sie ist so um die siebzig.

Sie ist immer auf U2-Konzerte gegangen und ist, was Politik und Literatur in Irland angeht, absolut auf dem laufenden, eigentlich in allen Bereichen. Die Frau ist echt auf Draht, und sie hat nach dem Konzert zu uns gesagt: »Wissen Sie, früher habe ich auf diesen U2-Konzerten immer nur eine Gruppe Engel gesehen, und heute abend hab ich auf der Bühne sowohl Teufel als auch Engel gesehen. Ich glaube, das hat mir besser gefallen. Das ist ein fairerer Kampf.«

Wir werden wiederkommen, wenn es uns immer noch Spaß macht, aufzutreten. Es mag vielleicht egoistisch klingen, aber wir treten oft auf, und die Welt scheint in der Tat immer größer zu werden, und man möchte auch Neues sehen. Mal nach Südamerika gehen oder nach Polen.

April 1992

Bühnenfiguren

Ich weiß nicht mehr genau, wessen Idee es war. Ich weiß nur noch, daß Larry ausgesehen hat wie ein Pornostar, Edge wie seine Schwester Jill, Adam hat das Kleid nicht wieder ausgezogen, und ich hab Barbara Bush ziemlich ähnlich gesehen.

Über das Tragen von Frauenkleidern

»Zoo TV« war nur wieder eine Art, zu verhindern, daß ich als eine bestimmte Person eingeordnet werde. Man muß diese fetten Überschriften und übertriebenen Darstellungen, die es so gibt, hinnehmen, wenn man als Band groß rauskommt, man sollte seinen Spaß damit haben und sich Alter Egos schaffen. Das waren wirklich keine Parodien, das waren andere Seiten meiner Persönlichkeit. Der schmierige Scharlatan, der Teufel, die Fliege, der Spiegelkugel-mann, das waren alles auch falsche Fährten, die ich aus-gelegt habe, denn tief in mir drin bin ich immer noch ein richtig netter Kerl... Echt wahr.

Für mich ist MacPhisto ir-gendwie traurig, böse, nicht so lustig, aber er könnte's noch werden. Das ist so, wie wenn du diesen Rocktrottel nimmst, der The Fly nun mal ist, und ihn – wenn du ihn schon spielst – gleich seinem logischen Ende zuführst: nämlich wenn er fett ist und in Las Vegas auftritt. Ein klassisches Ende für die ko-mische und ziemlich fertige Angeberei von The Fly.

1993

Es ist eine Sprache der Grö-ßenordnungen, der Oberflä-che – The Fly muß sich me-gamäßig fühlen, damit's ihm »normal« geht. Eine der Zei-len, die es letzten Endes dann doch nicht in den Song *The Fly* geschafft haben, war: »Geschmack ist der Feind der Kunst«. Es gibt einen Moment, wo du als Künstler auf Zehenspitzen gehst, und dann weißt du, daß du am falschen Ort gelandet bist. Das ist dann so, wie wenn man ein Handbuch hat, aber nicht mehr weiß, wo's steckt. Das gilt für die Musik, und auch in einem weiteren Sinn. Mir ging es so, daß ich die Person nicht erkannt hab, die angeblich ich sein sollte, wenn man von dem ausgeht, was in den Medien vermittelt wurde. Da findet fast so was wie 'ne Vergewaltigung statt, wenn man im Rampenlicht steht, und man nimmt das so hin.

Über seine Bühnenfigur The Fly, Februar 1993

Für mich ist The Fly ein Ka-tastrophentyp. Ich möchte dieser Figur nicht zuviel Be-deutung geben, aber man muß neue Wege finden, um das gleiche zu sagen, das ist wirklich wichtig. Ich finde, es ist kein Widerspruch, sich an einem Strand in der Nähe eines Atomkraftwerks wie-derzufinden, mit einer sol-chen Sonnenbrille. Ich finde das richtig surrealistisch, und es war selbst damals schon wirklich amüsant für uns. Wir waren uns bewußt, wie lächerlich es war.

Februar 1993

Diese Neonlichtseite des Sex, Leder und Spitze, die hab ich oft als lustig empfunden. Das war keine Sexualität, mit der ich besonders viel am Hut gehabt hätte, aber es scheint doch eine dominante Art von Sexualität zu sein. Es ist die, die man benutzt, um Waren zu verkaufen, die es an jeder Straßenecke gibt, und also hab ich mich da mal drauf eingelassen – und es ist klasse! Es ist einfach etwas, das ich zu verstehen versuche, und dadurch, daß ich mich das letzte Jahr über als Schwindler verkleidet habe, verstehe ich es viel besser.

Über seine Bühnenfigur MacPhisto, Februar 1993

Live Aid

Ich weiß noch, daß ich von dieser ganzen Geschichte völlig high war. Hinter der Bühne war es genauso gut

wie davor. Zu erleben, daß Leute, mit deren Musik du groß geworden bist, auf dich zugehen und dir ihre Unterstützung anbieten bei dem, was du machst, das war schon erstaunlich.

März 1987

Es war für Bob Geldof schon ein bißchen ein Schock, zu sehen, daß kleine schwarze Plastikscheiben tatsächlich Leben retten können. Für ihn war Popmusik bis dahin, so für sich gesehen, etwas sehr Schönes gewesen, aber mehr auch nicht. Mich hat der Erfolg der ganzen Sache nicht so sehr überrascht. Die Musik der Sechziger, die mich inspiriert hat, war Teil einer Bewegung, die letzten Endes dazu beigetragen hat, den Vietnamkrieg zu beenden. Es gibt keinen Grund, warum Musik von heute nicht eine ähnliche Bedeutung haben sollte.

März 1987

Ich erinnere mich, daß ich mich auf der Bühne völlig habe hinreißen lassen. Ich habe vergessen, daß es eine streng bemessene Fünfzehn-Minuten-Sache im Fernsehen war, und statt dessen gemeint, es wäre einfach ein Auftritt von U2. Die Folge davon war, daß wir *Pride* nicht mehr spielen konnten und daß ein Song über sieben Minuten lang war, weil ich gesehen hab, wie jemand direkt vor der Bühne fast zerquetscht wurde, und ich die ganze Zeit dorthin wollte. Es sollte eine Art Geste sein, die das Publikum einbeziehen würde, weil sie mir genauso wichtig schienen wie die Leute hinter der Bühne.

Für ein paar Tage bin ich dann in tiefste Depression verfallen! Ich hab mir die Fernsehaufnahmen wieder und wieder angeschaut und hab gedacht, ich hätte einen großen Fehler gemacht und die Situation falsch eingeschätzt. Ich dachte mir, das war's, für dich ist Schluß mit der Band. Diese Sache, daß ich am Schluß im Publikum gelandet bin, das war für mich so was von schiefgelaufen. Ich hatte das bei Live Aid ganz bestimmt nicht

vorgehabt. Ich bin anschließend tagelang nur durch die Gegend gefahren. Ich konnte wirklich mit niemandem reden. Diese ganze Geschichte von wegen, will ich in einer Band sein oder nicht, das ist alles wieder hochgekommen. Bei Live Aid hat mir die Not in Afrika und die Vorstellung, daß dort Millionen verhungern, wieder in Erinnerung gerufen, wie dumm die Welt des Rock'n'Roll ist... und als ich dann nach Hause gekommen bin, hab ich festgestellt, daß die Leute sich vor allem an den Teil mit U2 erinnern konnten.

März 1987

Ich hab mal einen Bildhauer kennengelernt, so um die Fünfzig oder Sechzig, der arbeitete gerade an einer Figur aus Bronze. Er hat diese Live-Aid-Sache im Fernsehen gesehen, und er hat das Ganze so zusammengefaßt, daß da eine ganz andere Energie vom Fernseher ausgegangen sei. Die Figur, an der er arbeitete, war die eines Mannes: ein nackter Mann, der nach vorne gebeugt ist. Er hat das Werk »Der Sprung« genannt. Er hat gemeint, er wollte den Geist dieses Tages festhalten. Der Teil, den er wollte, das war unser Teil, das Stück mit U2. Ich dachte mir, wenn jemand, der vom Rock'n'Roll so weit entfernt ist, das verstehen kann, dann war es vielleicht doch kein so großer Fehler.

März 1987

Ich würde sagen, Live Aid war das Außergewöhnlichste, was wir je gemacht haben. Ich hab einige Prügel bezogen von der Band, weil ich von der Bühne gesprungen bin und wir anstatt drei Liedern nur zwei spielen konnten, und ich dachte nur: »Ja, ihr habt ja recht.« Aber ich hab mich hinreißen lassen, was ich eigentlich auch als meine Aufgabe betrachte. Ich kann nicht auf die Bühne gehen, wenn ich nicht glaube, daß es das beste Konzert meines Lebens sein wird. Es macht mich manchmal körperlich krank, da rauszuge-

hen, weil ich weiß, daß es das beste sein muß. Wenn du lange Zeit auf Tour bist, wird es immer schwieriger, etwas zuwege zu bringen. Deshalb mußt du daran glauben, daß das nächste Konzert *das* Konzert sein wird, sonst kannst du gleich heimgehen.

»Zoo TV«

»Zoo TV« bezieht seine Energie daraus, daß es ein Stadion in ein Wohnzimmer verwandelt, mit Fernsehern und sehr persönlichen Songs, die über eine riesige Lautsprecheranlage dröhnen. Heavy-Metal-Gitarren, Discobeats, Trash-Art, etwas für die ganze Familie, für jeden etwas, über das er sich ärgern kann. Je mehr Widersprüche, desto besser. Das ist so, wie wenn man die eine Hand auf dem positiven und die andere auf dem negativen Pol liegen hat... das ist die Energie von »Zoo TV«.

Mir gefällt diese Sache mit den Satelliten sehr. Ich setze mich gerne über Grenzen hinweg. Darum geht es bei

U2. Und am Ende des Jahres 1989 – im wahrsten Sinne des Wortes, an Silvester, zum Wechsel des Jahrzehnts, haben wir in Dublin, unserer Heimatstadt in Irland, ein Konzert veranstaltet. Und wir haben – es war nämlich ein Konzert, das im Radio übertragen wurde, und zwar bis in die Sowjetunion und nach Osteuropa –, wir haben in sowjetischen Zeitschriften Titelbilder für die Schwarz-Mitschnitte abdrucken lassen, die sie von dem Konzert machen würden. Ich glaube 500 – also, irgendeine unglaubliche Anzahl von Menschen – 500 Millionen haben zugehört. In dem Augenblick kam uns die Idee zu »Zoo TV«.

März 1992

Wir waren alle verblüfft von der Vorstellung, daß man ein Konzert einfach per Radio übertragen kann. Und »Zoo TV« ist die visuelle Entsprechung dazu. Wir können die Show in die ganze Welt übertragen. Wir haben's noch nicht getan, das ist etwas,

worauf wir hinarbeiten. Aber es hat uns gepackt – wir können's kaum erwarten, das, was wir übers Radio gemacht haben, auch übers Fernsehen zu tun.

März 1992

Davon kann einem schwindelig werden. Es ist genau die Art von Medienüberflutung, die wir alle erleben, und auch dieses Gefühl, daß einem der Boden unter den Füßen weggezogen wird. Da gibt es so eine Art Verwirrung, mit der eine Rock'n' Roll-Band prima rumspielen kann. Es war für uns sehr spannend, mit all dem Zeug zu arbeiten, das es da draußen gibt. Zum Beispiel so ein einfaches Gerät wie ein Telefon, das man auf die Bühne stellt, darauf hätte Elvis wahrscheinlich nicht kommen können, aber weißt du, das finde ich in den Neunzigern das Erstaunliche – du kannst einfach den Hörer nehmen... im Weißen Haus anrufen... oder vielleicht Alessandra Mussolini, die Enkeltochter des großen

Diktators, die anscheinend in die Fußstapfen des alten Burschen tritt, und du kannst 70 000 Leute *I Just Called To Say I Love You* übers Telefon singen lassen. Oder mit Fernsehern herumspielen und die Werbespots einblenden oder was auch immer an dem Tag zufällig gerade läuft.

»Zoo TV« schien einfach eine Möglichkeit zu sein, zwei Jahre auf Tour zu gehen, ohne daß uns langweilig wird. Wir machen uns drüber lustig, und gleichzeitig schlachten wir es aus, wir genießen es, auf dieser Flutwelle an Informationen zu surfen. Es waren auch außergewöhnliche Sachen dabei, zum Beispiel diese Sendung aus Sarajevo, nach der es uns schwergefallen ist, mit der Show weiterzumachen, und einige Seifenopern und Werbespots. Wir haben die Logik des abrupten Szenenwechsels genutzt, die das alltägliche Fernsehprogramm ausmacht. Unsere tagtägliche Erfahrung – einen Bericht über Ruanda und die Ereignisse dort zu sehen und dann zu »East

Enders« rüberzuzappen. Genau das machen wir auch, das war die Energie von »Zoo TV«.

Diese Technologie können wir mißbrauchen. Wir machen aus dem Rock'n'Roll etwas Neues, anstatt zu versuchen, ihn irgendwo reinzuzwängen, anstatt ihn in eine Vitrine zu stecken.
Dezember 1992

Ich weiß noch nicht, was wir in Europa machen werden. Wir werden die Show dafür irgendwie umgestalten. Aber wir wollen auch bald eine Platte rausbringen, und wir haben nicht genug Zeit, um alles zu tun. Ich weiß nicht, was im Park sein wird. Ich würde mich freuen, wenn… wenn unser Stammpublikum wieder auftaucht, vor dem wir Dienstag abend gespielt haben, hahaha. Vielleicht geben wir da sogar regelmäßig Konzerte.
Dezember 1992

Du darfst nicht vergessen, daß ich als Teufel verkleidet

war, und da erschienen mir *Die Satanischen Verse* wohl einfach passend. Aber da hat schon mehr dahintergesteckt. Salman Rushdies Haltung sollte wirklich die Norm sein. Der Gedanke der Meinungsfreiheit, etwas, das wir als gegeben hinnehmen, ist in vielen anderen Kulturen nicht selbstverständlich. Besonders mit Blick auf den Rock'n'Roll und Rapbands ist es, glaube ich, sehr wichtig, daß die Leute das Recht haben, das zu sagen, was sie wollen, auch wenn es einem selbst nicht gefällt. Deshalb ist Salman Rushdies Dilemma enger mit dem Rock'n' Roll verknüpft, als man vielleicht denkt. Außerdem finde ich, daß er sich unter diesem Druck mit enormer Würde verhalten hat, mit Humor und Witz – es muß ihn zu Tode geängstigt haben, zusammen mit dem Teufel auf einer Bühne im Wembley-Stadion zu stehen.

Über einen Auftritt von
Salman Rushdie

Die Leute gehen nicht nach Hause und summen das Video. Wir stellen die Musik durch diese Bilderflut noch mehr in den Vordergrund, denn nach einer Weile bei »Zoo TV« siehst du überhaupt nichts mehr.

In »Zoo TV« geht es um Widersprüche. Es dreht sich alles um diese Instinkte – wir haben sie alle.

Oktober 1993

Ich hab das schon mal gesagt, aber es war da von Egomanie die Rede, und da hab ich einfach beschlossen, all das zu werden, was ich angeblich war. Warum auch nicht. Die Wahrheit ist doch, daß man viele Menschen gleichzeitig ist, man muß keine Wahl treffen. So wie Edge mich gern als »einen Haufen netter Jungs« beschreibt.

Februar 1993

Wir hatten's früher immer von unserem Image – welches Image denn? Wir geben doch überhaupt kein Bild ab. Wir spielen mit Bildern, dem der Wüste zum Beispiel, und

123

wir ziehen Klamotten an, die zu unserer Musik passen, aber das ist kein Image. Und schließlich hab ich gesagt: »Verdammt, vielleicht ist es doch eins. Wenn es wirklich eins ist, dann laßt uns doch damit spielen, wir können es verzerren, es manipulieren und uns selbst, während wir das tun, darin verlieren. Aber wir sollten über uns schreiben, während wir mittendrin stecken, denn allen anderen geht es in einem kleineren Maßstab genauso.«

Februar 1993

Wir sind jetzt genau in der Mitte angelangt, aber die Musik... die Musik sagt dir, was du tun sollst, und das mußt du letzten Endes auch tun. Die Musik sagt dir, welche Kleider du tragen sollst, sie sagt dir, auf welche Bühne du dich stellen sollst, sie sagt dir, wer dich fotografieren soll, wer dein Agent sein soll. Vielleicht haltet ihr diese Brille für eine Maske, aber Oscar Wilde hat mal so was gesagt wie: »Die Maske erzählt einem mehr über den Menschen.« Irgend so was. Aber es ist immer die Musik, die dir sagt, was du tun sollst. Wenn ich also die Brille abnehmen will, muß ich nur einen anderen Ton anschlagen.

Februar 1993

Als wir durch Europa gereist sind, hatten wir einen Wahnsinnsapparat hinter uns. Man hatte uns gefragt, ob wir in Sarajevo in einer Flüchtlingsunterkunft spielen würden, und wir haben versucht, das zu organisieren. Dann auf einmal wollten die Leute, die uns eingeladen hatten, nicht mehr, daß wir dort auftreten, weil es gefährlich wäre, und zwar nicht nur für uns, sondern für die Leute im Publikum oder in der Schlange vor der Tür. Sie meinten, es würde das reinste Scheibenschießen geben. Also sollten wir dann statt dessen direkt mit den Leuten sprechen... Ich finde das sehr interessant. Das ist auch einer der Gründe, weshalb ich dachte, es wäre gut, heute Abend hier zu sein... Ich bin mir sicher, daß Rockstars die Leute manchmal ankotzen, und wenn ihr ein Problem mit uns habt, ist das jetzt *die* Gelegenheit [Publikum lacht]. Wir sind hier in Swansea und wir – werden es ausfechten.

Ich hab jeden Abend unter einer Discokugel mit einer jungen Dame aus dem »Zoo TV«-Publikum getanzt. Jeden Abend, während *Love Is Blindness* lief. Die waren wirklich erstaunlich. Mir gefällt das total. An manchen Abenden hab ich mich verliebt. Ich habe nie richtig mit diesen Leuten gesprochen, aber das ist in Ordnung.

Januar 1995

Als die »Zoo TV«-Tour vorbei war, haben wir geglaubt, wir könnten in eine Dekompressionskammer gehen und auf der anderen Seite wieder normal rauskommen. Wir haben gedacht, wir könnten ein normales Leben führen und dann diesen Sommer wieder auf Tour gehen. Aber es hat sich herausgestellt, daß sich unsere ganze Art zu

denken, unsere Körper auf den Wahnsinn von »Zoo TV« eingestellt haben. Deshalb sind wir nicht mehr auf den Boden runtergekommen, als wir wieder in Dublin waren. Ich hab Edge getroffen und ihn gefragt, ob's ihm ein bißchen besser geht. Er meinte, nein, und da haben wir beschlossen, diesen Wahnsinn auf Platte zu bringen. Uns allen schwirrte der Kopf, und da dachten wir: »Warum nicht diese Dynamik mitnehmen – anstatt um neun Uhr auf dem Tisch zu stehen und Obst im ganzen Restaurant herumzuwerfen?«

Vor einiger Zeit hat mal jemand zu mir gesagt: »Wie hält es dein Ego eigentlich aus, in einer Band zu sein, wie überlebt es das, ein Rockstar zu sein?« Und ich fand, das war eine der klügsten Anmerkungen, die je zum Rock'n'Roll gemacht worden sind. Die Leute glauben normalerweise das Gegenteil, daß man einen richtigen Ego-Boost erlebt. Aber meiner Meinung nach bläst der Rock'n'Roll das Ego regelrecht auf, bis zum Platzen, und deshalb sind so viele Leute, die das gleiche machen wie ich, dermaßen fertig. Also haben wir beschlossen, mit *Achtung Baby* und der Tour unsere Egos total aufzublasen, und zwar in aller Öffentlichkeit. Sie enorm zu vergrößern, wie auf einer Reklametafel, um damit zu sagen: »Schaut her, all das sind wir.« Wenn ich also sage, daß der Rock'n'Roll schlichtweg absurd ist, weil Leuten wie U2 soviel Geld dafür bezahlt wird, damit sie so was tun, damit sie im Laufställchen spielen, dann meine ich das auch so!

August 1993

Wie ich mich »entzoot« habe? Ich hab meinen Fernseher ausgemacht. Es war ganz einfach. Der weiße Punkt, der ich war, ist von der Bildfläche verschwunden. Es war nichts übrig. Die Sendung war wirklich und wahrhaftig zu ihrem Ende gekommen.

Februar 1995

Humor ist eine großartige Waffe und ein guter Weg, um ernste Ansichten ins Publikum zu transportieren.

* *März 1997*

Der Tibet-Auftritt war schwierig für uns, weil die Organisatoren uns eigentlich als Hauptact haben wollten, aber wir wollten nicht. Wir wollten einfach irgendwann auftreten, ein paar Songs spielen und wieder abhauen, also alles sehr unspektakulär halten, und so haben wir das dann auch gemacht. Sarajevo war anders. Von dem Tag haben sich mir zwei Dinge ganz besonders eingeprägt. Da waren zwei kleine Mädchen, die mir ein paar Kugeln aus der Wand ihres Zimmers geschenkt haben, die für sie bestimmt gewesen waren. Sie hatten sie als Geschenk verpackt und haben sie mir überreicht – ihre surreale Art, damit fertig zu werden. Das zweite, woran ich mich erinnere, ist, daß ich an diesem Abend meine Stimme verloren habe, und das Publikum hat das anscheinend gar nicht bemerkt, oder es war ihm nicht wichtig. Das war ziemlich demütigend, aber dadurch wird einem klar, daß Musik für diese Menschen im wahrsten Sinne des Wortes Leben bedeutet – und das kann letzten Endes ziemlich nervig sein, weil es bedeutet, daß es mehr ist als nur ein Job.

Februar 1998

In Rio haben wir ein bißchen mit Romario gekickt, und zwar an dessen Geburtstag, auf einem Platz mit Flutlicht auf seinem Grundstück, mit der halben brasilianischen Nationalelf – Mann... In Sao Paolo, Buenos Aires sind die Stadien wie Kathedralen, Fußball und Musik sind dort Religion... Das mit der Religion kriegen sie anscheinend sogar einigermaßen hin. In Chile haben wir General Pinochet ein bißchen belästigt. Bei einer Fernseh-Live-Übertragung von Popmart sind ungefähr fünfzig Mütter von »Verschwundenen« auf die Bühne gekommen und haben Plakate mit Bildern ih-

rer vermißten Angehörigen hochgehalten, von denen manche in genau demselben Stadion zu Tode gefoltert worden waren... Die Woche darauf hat die Opposition im Parlament einen ähnlichen Protest abgehalten und sich auf das Konzert berufen... Verblüffenderweise haben wir festgestellt, daß bei unserer popmäßigsten Tour einige der besten Konzerte in politischen Krisenherden stattgefunden haben, zum Beispiel Santiago, Sarajevo, Tel Aviv, Belfast, Johannesburg, überall dort, wo Musik mehr war als nur Unterhaltung. In Kapstadt hat uns Erzbischof Desmond Tutu total beeindruckt.

Februar 1999

Rock'n'Roll

Es ist wirklich Wahnsinn. Es ist eine Wahnsinnswelt, auf die man sich da einläßt. Popmusik... oh Mann!

März 1980

Die ausdrucksvollste Musik entsteht auf natürliche Art. Sie wird kein bißchen erzwungen. Sie kommt einfach aus dir raus.

September 1980

Da treibt sich 'ne Menge Johnny-Rotten-Nachwuchs auf den Straßen rum. Die sind in die Sklaverei verkauft worden, und es betrübt mich, sie so zu sehen, denn man hat ihnen ein Bild von der Gewalt verkauft, und sie haben es in die Realität umgesetzt.

Februar 1981

Eine Band sollte eine eigene Persönlichkeit haben. Wenn die Bandpersönlichkeit zu sehr von einer Person dominiert wird, dann ist das schlecht. Eine Band wie Spandau Ballet wiederum ist, auf einer anderen Ebene, absolut direkt und eindeutig. Das ist so langweilig, weil man alles auf einen Schlag sieht – die Kleidung, der Stil, der Haarschnitt, und das war's. Da gibt's nichts mehr zu entdecken, nichts Geheimnisvolles, keinen Zauber, keine Persönlichkeit.

Februar 1981

Ich weiß nicht, was ich von Crass halten soll, aber ihre Fans beunruhigen mich. Mit ihren Crass-Aufnähern und den Crass-Logos auf ihren Lederjacken. Ich weiß nicht, ich mag einfach keine Uniformen.

Mai 1981

Zum gegenwärtigen Zeitpunkt ist das alte Klischee von der Rock'n'Roll-Rebellion nur ein Witz. Es ist ein dermaßen konservatives Konzept, daß man eigentlich schon ein Buch darüber schreiben könnte: Verhaltensregeln für den Rock'n'Roll-Rebellen. Ich glaube, daß Rebellion in deinem eigenen Herzen beginnt. Sich hackedicht zu saufen und sich die Haare rot zu färben heißt nicht automatisch, daß irgendeine Bedrohung von einem ausgeht.

Februar 1982

The Who Live At Leeds war eine sehr wichtige Platte in meinem Leben.

Februar 1982

Ich finde, daß es zur Zeit nicht viel Rock'n'Roll auf dem Markt gibt. Rock'n'Roll ist für mich eine emotionale,

verschwitzte Angelegenheit.

Februar 1982

Punk war angeblich eine Revolution, aber es war keine echte. In vieler Hinsicht war sie gestellt, zu einer Mode hochstilisiert. Aber wir haben daran geglaubt. Der Punkrock hat uns dazu beflügelt, zu versuchen, Musik wieder zu ihren Wurzeln zurückzuführen. Und ich würde es gerne sehen, wenn die vielen Garagenbands in Amerika rebellieren. Es muß eine Revolution der Garagenbands geben.

Juni 1983

Man könnte sagen, daß die Sex Pistols die perfekte Designer-Rock'n'Roll-Band waren. Diese Band wurde bewußt mit dem Hintergedanken »Subversion« zusammengestellt. Das war nicht so wie bei den Beatles, wo John mal bei Paul vorbeigeschaut hat. Bei ihnen war's eher so, daß Malcolm [McLaren] herumtelefoniert hat. Aber gleichzeitig haben sie einen wunderbaren riesengroßen

und furchtbaren Lärm veranstaltet, und der hat mich aufgeweckt. Bei einigen dieser
Punkbands spielte Zynismus
und Manipulation mit rein,
aber dafür waren wir blind.
Für uns war es echt.

Zu viele Leute verstecken
sich hinter ihrer Frisur. Das
ist die Cocktailmentalität.
Das Stargehabe ist heute bei
diesen »Tapetenbands« viel
stärker verbreitet, als es bei
ELO oder Zeppelin und solchen Leuten der Fall war.
Dieses »Mehr Schein als
Sein« ist heute so ausgeprägt.
Und anno '76, mit sechzehn,
haben wir, vielleicht naiver-
weise, noch geglaubt, daß
Musik mehr ist als das. Wir
wollten, daß sie einem in den
Magen fährt, wir wollten
Aggressivität, einen Herz-
schlag.

Juni 1985

Sadomasochismus ist im
Rock'n'Roll nicht tabu, aber
Spiritualität sehr wohl.

1985

Ich bin nicht generell gegen

das Trinken... wir alle trinken hin und wieder mal.
Aber ich glaube nicht, daß
wir an dem beteiligt sind,
was ich Rock'n'Roll-Mastur-
bation nenne – als Band mit
anderen Bands zu versacken,
und das kommt dann in die
Zeitung, und alle finden es
lustig, hohoho...!

Wenn Jimi Hendrix in ein
heutiges A&R-Büro [Abtei-
lung in einer Plattenfirma]
kommen würde, würde man
ihm, glaube ich, nicht den
roten Teppich ausrollen. Man
würde ihm sagen, wo's wieder rausgeht.

März 1987

Ich hab mir in den letzten
Wochen *Raw Power* von den
Stooges angehört. Wenn du
richtig gute Musik machen
willst, dann hör dir das mal
an. Nur diese Typen in einem
Raum. Sie waren einfach genauso, wie sie geklungen haben.

März 1987

Es steht mir nicht zu, Kommentare über The Cult abzu-

geben, aber sie haben mal zu-
gegeben, daß *Led Zeppelin I*
eine interessante Platte ist. Es
ist vorher fast nie ausgespro-
chen worden, daß Led Zep-
pelin einige verdienstvolle
Musik gemacht haben. Das
kommt von dieser Klaustro-
phobie. Wir sollten einfach
mal die Form vergessen. Ich
glaube einfach, der Rock'n'
Roll muß sich gegenüber den
letzten 25 Jahren öffnen.

März 1987

Wenn man Robert Palmers
Buch über den Blues liest,
wo er erzählt, wie die Blues-
musiker früher Metallstück-
chen an ihren Gitarren befe-
stigt haben, um sie zum
Summen zu bringen, und
zwar lange vor Jimi Hendrix
– das Geräusch und das Summen, alles Teil des Klangs,
den man hört... Wenn man
in einen Club geht, hört
man, wie sich der Sound
ganz von selbst abmischt.
Gitarre, Baß und Schlagzeug
fließen ineinander. Die her-
kömmliche Art, Platten zu
machen, läuft so ab, daß man
die einzelnen Klänge vonein-

ander trennt und sie dann
wieder zusammenbaut. Und
währenddessen verlieren sie
ihre Lebendigkeit, das Live-
Gefühl. Das hat uns sehr
stark beschäftigt.

März 1987

Der Mißbrauch jeglicher
Tradition kann ein bißchen
daneben sein, zum Beispiel
wenn man rührselige Schlaf-
zimmersongs auf einer spani-
schen Gitarre schreibt – eine
beliebige Anzahl an Leuten
wird das nicht richtig hin-
kriegen. Aber einige werden
es schaffen. Mir ist es irgendwo lieber, die Leute probieren's und machen Fehler, als
daß sie die ganze Zeit den
Achtzigern und dem heuti-
gen Pop verhaftet bleiben.
Ich überlege mir manchmal,
was wohl Jerry Lee Lewis
mit einem Drumcomputer
angestellt hätte, wenn er einen hätte programmieren
können. Das wäre erstaun-
lich gewesen. Man sollte sich
von all der Technik nicht ein-
schüchtern lassen.

März 1987

131

Ich glaube, daß sich der Rock'n'Roll, in den 25 Jahren seit es ihn gibt, alle paar Jahre wieder neu definiert hat. In den Siebzigern hat sich das Prinzip »laut und intensiv« entwickelt und durchgesetzt, so wie vorher in den Sechzigern der Folk. Das Ende der Siebziger hat uns ein Verständnis für den Geist des Rock'n'Roll und die potentielle Macht von drei Akkorden gebracht, und in den Achtzigern ist ein neues Rhythmusverständnis entstanden. Sich nur eine Ära, einen Abschnitt davon anzuhören ist ein großer Fehler. Die Leute sollten heute unbedingt Platten aus den Fünfzigern kaufen.

März 1987

Man liest über die Exzesse der Rock'n'Roll-Stars in den Siebzigern – so von wegen den Rolls Royce in den Swimmingpool fahren. Na ja, das ist immer noch besser, als ihn zu polieren, was der Yuppie-Pop-Ethik in den Achtzigern entspricht.

November 1987

Was ich am Rock'n'Roll der Achtziger so lächerlich finde, ist, daß man immer noch glaubt, die Rebellenhaltung aus den Fünfzigern wäre heute noch aktuell. Wir wissen doch alle, daß diese »Ihr-könnt mich mal«-Haltung der Traum eines jeden Marketingfritzen ist, was soll das Ganze also? Ich sag das schon seit Jahren, und die Leute haben wohl einfach gedacht, der hat 'ne Schraube locker, aber ich glaube wirklich, daß U2 radikal sind. Das ist der richtige Ausdruck für das, was U2 machen, weil es von der Norm abweicht.

Dezember 1987

Hast du das Million Dollar Quartet gehört, diese Schwarzpressung, von der jeder gehört, die aber niemand selbst angehört hat? Ich hab ein Exemplar davon. Die stehen alle um dieses Klavier herum und singen Gospelsongs. Es ist unglaublich. Echter Rock'n'Roll. Es hält sich ja die Meinung, daß U2 nichts mit Rock'n'Roll zu tun hätten; dabei sind wir der

Verwirrung viel näher, die ihm zugrunde liegt.

Dezember 1987

Ich glaube nicht, daß wir in den Achtzigern eine Rock'n' Roll-Band waren; ich denke eher, wir waren die lauteste Folkband der Welt, aber heute sind wir eine Rock'n' Roll-Band. Meiner Ansicht nach erfindet sich der Rock'n'Roll alle paar Jahre neu, und in den Siebzigern war wohl »Power« das dominierende Merkmal: verzerrte Gitarren, Verstärker, Feedback, The Who und so weiter. Dann kamen die Sex Pistols und der Punk, später dann der Funk, durch den haben die Leute den Rhythmus des Rock'n'Roll wiederentdeckt. Und in den Achtzigern sind wir zum Songwriting zurückgekehrt, zur Macht der Worte.

1988

Unser Horizont bei U2 war ein bißchen eng geworden, und ich glaube, es war notwendig, daß wir mal unsere Scheuklappen abnehmen und

uns umschauen. Wenn du einen Film wie *Paris, Texas* siehst, die Musik von Ry Cooder hörst und dir dann seine Platten holst; dann stößt du auf das Delta und den Blues, und du entdeckst die Musik von John Lee Hooker.

Dadurch bin ich dann auf Willie Dixon gekommen und solche Leute. Übrigens hab ich neulich in Chicago Willie Dixons Sohn kennengelernt, und zwar in einem Bluesclub. Ich bin zusammen mit ihm aufgetreten. Ich entdekke das alles gerade erst, und ich finde diese ganze Gospel/ Blues-Verwirrung wirklich interessant. Ich möchte mich von diesen Einflüssen nicht überwältigen lassen, aber da draußen gibt's eine ganze Welt zu entdecken, und ich entwickele gerade erst ein Gefühl dafür, was alles so läuft.

1988

Meine Neugierde ist riesengroß. Das erklärt wahrscheinlich alles. Ich möchte alles über eine musikalische

Vergangenheit erfahren, die wir selbst nicht haben. Ich möchte Dinge selbst rausfinden. Ich will sie aus erster Hand erfahren. Mich zieht die Art von Leuten an, mit denen man sich eigentlich nicht abgeben sollte. Aber ich muß mit ihnen zusammensein, damit ich mein Ziel nicht aus den Augen verliere. Es gibt zwei Möglichkeiten. Entweder ich seh's mit eigenen Augen oder durch die Augen der Künstler, die diesen Weg gegangen sind.

1988

Pressekonferenzen sind so ein bißchen wie ein Hindernislauf. Man fängt gar nicht erst damit an, über Bedeutungen oder Botschaften zu reden, weil man dann wie ein richtiger Idiot klingt. Deshalb muß man einfach aalglatt sein und versuchen, sich durchzuschlängeln.

1988

Der Rock'n'Roll ist schon immer auch ein ziemlicher Scheiß gewesen. Diese ganze Vorstellung von »Sex &

Drugs & Rock'n'Roll« ist doch ein Klischee. Irgend jemand muß damit mal aufräumen.

September 1988

Der Rock'n'Roll hat immer wenig für Ehrfurcht übrig gehabt. Gleichzeitig bin ich aber um so ehrfurchtsvoller, was Musik und ihren Geist angeht und das, was im Herzen des Rock'n'Roll steckt.

Dezember 1988

Ich bin nicht blöd. Ich bin mir über die Sinnlosigkeit des Rock'n'Roll im klaren, aber auch über seine Macht.

Als Musiker mußt du bereit sein, dich auszuziehen.

Warum wird das alles so zerstückelt und in Schubladen gesteckt? Warum können wir nicht alles haben? Warum kann der Rock'n'Roll nicht so tanzen wie Elvis, singen wie Van Morrison, so gehen wie die Supremes, reden wie John Lennon, brüllen wie The Clash, Schlagzeug spielen wie Keith Moon und Gitarre spielen wie Jimi Hendrix? Warum?

In der Welt des Rock'n'Roll ist es so finster wie in einer Kohlengrube, aber du könntest dort unten ein Juwel finden, und das wäre doch die Mühe wert.

Wenn man einem Popstar einen Arsch voll Geld gibt und er weigert sich dann, sich selbst zu zerstören – ich finde, das ist eine ziemlich weicheimäßige Leistung. Das ist doch Teil der Abmachung: Wenn sie bis dreiunddreißig nicht am Kreuz gestorben sind, würde ich mein Geld zurückverlangen.

Jede Kunst ist gestellt, die Musiker sind wohl schon immer Schamanen oder Zauberer gewesen. Früher schien das nicht so zu sein, weil man nicht gesehen hat, wie sich die Hände bewegt haben, aber heute besteht die Nummer gerade darin, zu zeigen, wie der Trick gemacht wird.

»Stadionrock« ist ein Begriff, der erfunden worden ist, um die Gitarrenbands der Mittsiebziger zu beschreiben – Bands, die in bezug auf Stil, Inhalt und Sound viel mehr gemein haben mit etwas, das man Grunge nennt, als wir etwa mit dem Aufguß der Siebziger-Jahre-Musik, und mir persönlich steht's mittlerweile bis hier mit all dem GRRRRR-Zeugs. Das ist so ein typischer Fall von »weiß, männlich und hormongesteuert«.

Der Rock'n'Roll ist einfach lächerlich. Das muß man doch sehen. Das muß man wissen. Der Rock'n'Roll ist manchmal grotesk, richtig komisch. Oder ist das etwa nicht komisch, vier Trottel mit 'ner Polizeieskorte!?
März 1992

Ich finde, es ist Teil unseres Jobs, für irgendeine Art von Gefahr zu sorgen. Man muß zumindest unzuverlässig sein, und bestenfalls bereit zur Aufopferung und Selbstverstümmelung. Es ist cool,

135

wenn man sich für die Umwelt engagiert, es ist cool, eine politische Meinung zu vertreten, aber nur, solange es deinem eigentlichen Job als Feuerwerkskörper dient. Und natürlich auch dieser Sache mit dem: »Wie komm ich am besten ans Kreuz?«

Ich bin mir nicht so sicher, ob man einen Künstler beziehungsweise eine Rock'n' Roll-Band überhaupt ernst nehmen sollte. Erst mit der Zeit wird sich rausstellen, ob man länger Bestand hat als nur solange, wie man im Rampenlicht steht. Während wir dort stehen, sind wir allerdings mit Sicherheit die interessanteste Rock'n'Roll-Band auf diesem Planeten.

Das sind Fußballer-Verhältnisse. Es ist unglaublich, was für ein Geld man kriegt; Rock'n'Roller leben in einer solchen Lügenwelt. Aber ich glaube, es kann nur sehr wenige Leute im Musikgeschäft geben, die Geld auf der Bank haben, also, was die Künstler angeht. Sie haben es ein paar

Jahre, und dann ist es weg, und sie haben den Rest ihres Lebens noch vor sich.

Ich glaube, es wäre unverschämt und ignorant von mir, zu sagen, daß mir Geld nichts bedeutet. Geld ist so vielen Leuten so wichtig, gerade weil sie keins haben, und ich weiß, ich bin in der glücklichen Lage, daß ich welches habe, und ich bin Gott dankbar dafür.

Das Wesentliche am Rock'n' Roll ist, daß er voller Geheimnis und Unfug steckt.

Wir haben früher das verbreitet, woran wir geglaubt haben, jetzt verbreiten wir, woran wir alles nicht glauben. Das sind zwei Seiten einer Medaille, aber das eine ist viel leichter als das andere.

Ich sehe nicht zur Literatur auf oder von ihr auf irgend etwas herab. Ich denke, sie ist ein Teil des Spektrums, genauso wie die Musik, und auf eine undefinierbare Wei-

se sind sie miteinander ver-
bunden.

Die Leute sehen nur die Sui-
te im obersten Stockwerk eines Hotels und meinen, das
ist der sagenhafteste Ort,
den's gibt. Aber je feudaler
die Umgebung, desto elender
ist einem dort manchmal zu-
mute.

Ich glaube, man kann zu
Recht sagen, daß man sich
von den Dingen angezogen
fühlt, vor denen man Angst
hat. Unsere Haltung gegenüber den Medien hat eher
was von einer Judomentali-
tät, soll heißen, man benutzt
die Energie von dem, was auf
einen einstürmt, um sich zu
verteidigen.

Anton Corbijns Fotografien
sind sehr ausdrucksvoll. Es
sind genauso Fotos von der
Musik wie von den Musi-
kern, und deshalb gefallen sie
uns.

Der Unterschied zwischen
Pop und Rock'n'Roll besteht
darin, daß dem Popstar die

Nase gerichtet wird.

Oft hat Rock'n'Roll eine
sehr beschränkte emotionale
Bandbreite. Es heißt nur:
»Ich will dich bumsen.« Das
steht zwar bei mir in der Ta-
gesplanung weit oben; aber
wie sehr ich das will und
warum und das »Mensch, ich
bin verheiratet«, das kommt
im Rock'n'Roll nicht vor. Eigentlich alles, was es interessanter macht.

Großbritannien hat nicht
viele große Rockbands wie
die Kinks, die Stones, die
Beatles hervorgebracht...
Das Potential war da, und
deshalb hat's auch ein paar
tolle Bands gegeben, die erfolgreich waren, aber sie sind
dann, vermute ich mal, an so
'ner Art Kleinkariertheit ge-
scheitert, die hier allgegen-
wärtig zu sein scheint. The
Smiths, The Clash: große
Rock'n'Roll-Bands. Es gibt
sie nicht mehr. Diese ganze
Einstellung, daß »groß sein«
schlecht ist, ist wirklich gefährlich.

April 1992

137

In Amerika hieß es, wenn man Public Enemy mit ankündigt, dann würde das den Kartenverkauf beeinträchtigen oder es würde gar einen Aufstand geben. Aber das war nicht der Fall. Man muß ja nicht alles gut finden, was sie sagen, aber man muß wenigstes zuhören.

Dezember 1992

Rock'n'Roll hat für mich was mit Kommunikation zu tun. Ich meine damit nicht nur, Ideen zu vermitteln, sondern auch Gefühle. Bei den Bands, auf die ich früher als Jugendlicher abgefahren bin, hat man immer auch einen Eindruck von der Person bekommen, egal, ob das John Lennon, Marvin Gaye, Patti Smith oder Lou Reed war. Das ist das Wichtigste beim Rock'n'Roll: Die Idee muß nicht unbedingt toll sein, Hauptsache, sie ist von dir.

The Edge, März 1988

Die kulturelle Sternstunde des Jahrhunderts?
Punk und HipHop. Punk stellte Ideen über Erfahrung und Können, hatte Wut als Energie, wollte Visionen, Stil, Inhalt – kein Handwerk. Das Brüllen der Sex Pistols, der martialische Beat von The Clash, die ungebrochene Pop-Power der Buzzcocks. Manchmal war das Ergebnis nicht sehr musikalisch, und es kamen kaum Hits dabei heraus. In diesem Sinne war Punk sehr weiß – und das war ich als Ire auch. HipHop ist das bedeutendste kulturelle Ereignis seit Elvis oder den Beatles. HipHop löste das Problem des Punk: Damals griff man sich eine Gitarre, auch wenn man nicht so gut spielte. Nun mußte man nicht mal mehr schlecht spielen – man holte sich einfach eine Platte von jemandem, der's konnte. So waren der Phantasie keinerlei Grenzen mehr gesetzt. Außerdem standen beim HipHop die Texte im Mittelpunkt – und da gab es dieses erste/dritte-Person-Dilemma: Man wußte nie, ob der Rapper nur eine Geschichte, einen Krimi erzählte, oder ob er wirklich eine AK-47 auf dem Beifah-

rersitz hatte. Daher die weiße Furcht vor einem schwarzen Planeten. Trotzdem ein
großer Moment der Popmu-
sik.

Januar 2000

Wenn du Kurt Cobain gese-
hen hast und das ganze Leid,
in dem er lebte, dann seinen
verzweifelten Versuch, damit
klarzukommen – einfach
furchtbar. Auch ich fühlte
mich lange Zeit ungeschützt,
wie ein blanker Nerv. Also
mußte ich einen Weg finden,
mich zu schützen. Nur wenn
ich meine Sonnenbrille auf-
hatte, konnte ich den ganzen
Bullshit um mich herum
noch aushalten.

März 1997

Freunde, Konkurrenten, Beziehungen

Über Roy Orbison

Ich hab ihn als einen sehr klugen Menschen kennengelernt; er hatte viel zu sagen. Er schien ein Mann zu sein, der von seinem eigenen Talent unglaublich überrascht war, dabei hatte er doch wirklich die Stimme eines Engels – und, na ja, jetzt ist er einer. Roy war der großartigste weiße Popsänger auf diesem Planeten.

Dezember 1988

Über Gavin Friday

Shag Tobacco ist ein Song von einem Typ namens Gavin Friday, und der hat auch ein Album rausgebracht, das *Shag Tobacco* heißt. Er ist so 'ne Art Varietésänger aus der Zukunft, er ist ein außerge-wöhnlicher Mann und einer meiner besten Kumpels, und er hat mich mit am meisten beeinflußt. Ich weiß nicht, ob ich einen Song von ihm so singen könnte wie er, weil der Song aus seiner Erfahrung heraus entstanden ist, und aus dem Grund wird er bei ihm lebendig. Wenn ich einen seiner Songs singen sollte, dann würde ich mir wahrscheinlich *He Got What He Wanted But He Lost What He Had* [Er hat bekommen, was er wollte, aber verloren, was er hatte] aussuchen.

Über Pete Wylie

Pete Wylie ist der einzige Mensch, der mich an die Wand reden kann. Er füllt

sogar die Pausen, in denen
ich Luft holen muß.

Februar 1982

Über Madonna

Mich interessiert alles, was
sie macht. Die Musik ist für
mich zwar ein bißchen zu
sehr »von der Stange«, aber
es ist fast so, daß das Fehlen
von Persönlichkeit in ihrer
Musik die Persönlichkeit in
ihrer Stimme hervorhebt.

Februar 1993

Über R.E.M.

Manchmal wäre ich liebend
gern bei R.E.M. und würde
über Athens reden, oder –
wer wäre ich sonst noch gern
– ich wäre gern jemand, der
was über Velvet Under-
ground erzählt und den Einfluß, den sie auf uns hatten...
Es gibt eine Menge, worüber
ich gern reden würde.

1989

Michael Stipe ist ein toller
Sänger. Allerdings so 'ne Art
Bing Crosby der Neunziger,
findest du nicht? Ein bißchen
schnulzig.

Februar 1993

Über Bill Clinton

Wir waren auf Tour und waren gerade erst im Ritz-Carl-
ton in Chicago angekom-
men... Er kam am nächsten
Morgen zu mir auf mein
Zimmer. Nach der Nacht haben wir alle ziemlich Rock'n'
Roll-mäßig ausgesehen, aber
er hat nur lauthals drüber gelacht. Er hat das sehr locker
genommen... Wir haben ihm
gesagt, daß wir keinen Wahl-
kampf für ihn machen wür-
den, so was würden wir
grundsätzlich nicht tun, und
daß er uns, wenn er gewählt
würde, die nächsten vier Jahre am Hals hätte, weil wir
kein besonders gutes Ver-
hältnis zu Politikern haben.
Aber das hat er schon ge-
wußt. Das hatte er kapiert.
Da hab ich gemerkt, daß er
echt okay ist.

Februar 1993

Über Donal Lunny/Com-
mon Ground

Die Siebziger haben Hard-
rock, Punk und Disco her-
vorgebracht, aber nichts davon konnte The Bothy Band
von ihrer Linie abbringen.

Donal Lunny hatte die Zehen im Sand, nie den Kopf, und in den Achtzigern und Neunzigern haben sie die irische Musik davor bewahrt, nur traditionell zu sein.

April 1996

Über Ian McCulloch

Ian McCulloch – ich glaube, den habe ich ziemlich überrascht. Ich hab ihm ehrlich gesagt, was ich von ihm halte. Daß er ein guter Künstler in einer tollen Band ist und daß er es verdient, ein Popstar zu sein. Ich glaube, damit hat er nicht gerechnet.

Mai 1981

Über Clannad

Ich sag dir mal, warum Clannad so was Besonderes sind. Als gerade mal Zehnjährige sind die meilenweit gelaufen, zu irgendwelchen uralten, abgelegenen Cottages am Ende der Welt, und haben bei den Leuten angeklopft und sie gebeten, ihnen die traditionellen irischen Weisen vorzusingen. Manche dieser Lieder sind Hunderte, Tausende von Jahren alt. Sie sind ein Teil von dem Stoff, aus dem die irische Geschichte gemacht ist. In diesem Alter Tradition lebendig halten zu wollen ist für mich etwas ganz Besonderes.

Nach der Aufnahme des Duetts »In A Lifetime« mit der irischen Folkband Clannad, 1988

Über die Pogues

Ich glaube, das Radikalste an den Pogues ist, daß du in einem Pub auf einen Sechzigjährigen treffen kannst, der einen ihrer Songs singt und der voll und ganz versteht, um was es darin geht, vielleicht sogar besser als sein Sohn. Das Generationenproblem gibt es nicht mehr. Ich kenne alte Männer, die interessanter sind als ihre Kinder, und ich kenne Leute so um die fünfundzwanzig, die sind tot; sie verschieben nur ihre Beerdigung, bis sie siebzig sind oder so.

1989

Über Keith Richards

Es ist schon interessant: Wenn Keith Richards sich

eine Gitarre umhängt, dann verschwinden alle Falten aus seinem Gesicht. Dabei sind es gerade die Falten, die mich interessieren. Ich interessiere mich für Leute, die einen anderen Hintergrund haben als diese vorpubertären Rock'n' Roller, zu denen ich gehört hab. Bei uns war's der Punk, das war »Ihr könnt mich mal« und »Ich weiß zwar absolut nicht, wovon ich rede, aber ich tu's trotzdem.« Das war die Einstellung, die mich früher interessiert hat. Jetzt find ich diese Leute viel interessanter.

Dezember 1987

Wenn Keith in den Achtzigern zwanzig Jahre alt gewesen wäre, dann hätte er, glaub ich, nicht mit dem Fixen angefangen, er wäre nicht so auf Heroin als Zeichen der Rebellion abgefahren. Die Sechziger waren eine andere Zeit, und was den Rock'n' Roll angeht, war einfach alles noch neu. Die Leute waren wie berauscht, und vielleicht schien es zu der Zeit einfach das Richtige zu sein. Es ist

ziemlich offensichtlich, daß es falsch war, weil viele Leute gestorben sind. Heute wissen wir das, aber damals haben sie es nicht gewußt. Das war die Generation, die gedacht hat, sie könnte ewig leben, auf ihren Nummernschildern stände »unsterblich«.

1989

Keith Richards gehört zu den Leuten, die manchmal den Eindruck erwecken, sie wären ganz woanders, in einer eigenen Welt, dabei ist er hellwach. Er ist an Reichtum und Verrufenheit kaum zu übertreffen, aber das alles bedeutet ihm sehr wenig. Musik steht für ihn über allem. Ob man ihn jetzt mag oder nicht, darauf kommt's nicht an. Das Wichtige ist, daß er den Köder nicht geschluckt hat, nicht wie so viele andere ein musikalischer Spießer geworden ist.

Januar 1986

Über Nirvana

Ich denke, es ist gut, daß Nirvana bei Geffen Records sind. Ich finde, das sollte ihnen nicht peinlich sein. Ich halte Kurt Cobain für einen tollen Sänger. Ich kenne die »R.E.M mit Verzerrer«-Diskussion, aber ich finde eigentlich, sie sind eine wichtige Band, sehr lebendig, und sie sollten einfach das machen, wozu sie Lust haben. Es ist einfach klasse, daß sie genauso viele Platten wie Madonna verkaufen. Weißt du, uns ist es auch schon so gegangen: Es gibt so 'ne Art katholisches Schuldgefühl, das sich mit dem Erfolg einstellt, aber ich hoffe, daß diese Bands jetzt nicht anfangen, auf Zehenspitzen zu gehen.

Ich war immer der Meinung, daß es unsere Pflicht ist, unsere Position zu mißbrauchen. Das war einer der Hintergedanken, als wir mit den Aufnahmesessions für *Achtung Baby* angefangen haben. Weil wir vom Erfolg finanziell verwöhnt waren, wir hatten das, was Groucho Marx mal »fuck-off money« genannt hat. Wenn du das verschwendest, dann bist du ein

Arsch, dann verdienst du das alles wirklich nicht. Bis jetzt haben wir mehr Geld mit Sachen verdient, die außerhalb von U2 standen, als mit dem, was von innen kam. Deshalb gibt's nur einen einzigen Grund, in ein Aufnahmestudio, auf Tour zu gehen: um genau das zu tun, was wir tun wollen.

Februar 1993

Über B.B. King

Man lernt viel, wenn man jemandem wie B.B. King zuschaut und auf diese frühen Rhythm & Blues-Platten zurückgreift. Ich glaube, genau das haben wir gebraucht. Dieses Stück hat U2 im Puzzle noch gefehlt. Mit Blick auf unser neues Thema mußten wir in eine andere Richtung gehen. Man kann keine Songs über Sex schreiben, wenn er nicht schon in der Musik steckt.

Februar 1993

Über Frank Sinatra

Ich hab keine Ahnung, was ich damit machen kann. Ich

werde es jedenfalls nicht mit ihm im Duett säuseln. Vielleicht Sprechgesang. Ich will dem Song was Gespenstisches geben, denn diese Cole-Porter-Songs sind gespenstisch. Ich weiß nicht, ob du mal gehört hast, was wir mit *Night And Day* gemacht haben [auf *Red Hot & Blue*] – das ist Cole Porter, wie wir ihn verstehen. Das sind gespenstische, fertige, besessene Songs. Manche Leute singen sie so süßlich, daß es einen graust. Dabei sind das echt düstere Stücke.

Miles Davis hat Sinatras Phrasierung sehr geschätzt, so bin ich auf ihn gekommen. Ich hab ihn mir daraufhin anders angehört. Ich hab ihn ungefähr fünfmal gesehen. Kennengelernt haben wir ihn in Vegas – wir sind hinter die Bühne und haben mit ihm zusammengesessen. Es war wie: »Mein Tag mit…«, und wir waren die absoluten Nervensägen, sind ihm einfach nicht mehr von der Pelle gegangen. Larry hat sich mit ihm über Buddy Rich unterhalten, der gerade

gestorben war, und da wollte er über nichts anderes mehr reden. Er ist richtig aufgelebt. Man hatte das Gefühl, daß sich nicht viele Leute mit ihm über Musik unterhalten, dabei wäre ihm das vielleicht eigentlich wichtiger.
Über die Aufnahmen zu »I've Got You Under My Skin« für Frank Sinatras Duettalbum, Oktober 1993

Gibt es ein Leben nach Frank?… An dem traurigen Tag, als »The Voice« verstummte, war ich mir da nicht so sicher. Ich war untröstlich, es war, als wäre der Polarstern vom Himmel verschwunden, als würde ab jetzt alles etwas trüber sein. Wie es einem manchmal mit berühmten Personen so geht… Es kam mir vor, als würde ich ihn kennen, was verrückt war… Ich war sein Fan, wegen ihm wollte ich Sänger werden… Er hat mich allerdings tatsächlich mal eingeladen, beim Frank Sinatra Golf Classic in Palm Springs als »Captain« zu fungieren, was absolut cool war, aber es hat mir auch etwas Kopfzerbrechen bereitet, weil ich überhaupt kein Golf spiele... So wie ich die Sache sehe, hat Frank Sinatra einen Mann aus mir gemacht... Die meisten Männer im Rock- und Popgeschäft machen auf Mädchen oder Jungens...

Februar 1999

Oasis gegen Blur

Mir gefällt das alles, beide können gut schreiben, sind tolle Songwriter... und die Freundin von dem einen Typen von Blur, die hat eine Band, Elastica, die auch klasse ist. Aber ich finde schon, wenn dieser Liam singt, dann kommt da so ein Schmerz rüber, und Wut, und dieser Schmerz unterscheidet eben bestimmte Musik von anderer. »Raffiniert« hat bei mir, was Musik betrifft, noch nie hoch im Kurs gestanden. Musik muß einen berühren. Sie muß magisch sein. Sie muß dieses gewisse Etwas haben, und in diesem Sinne ist er ein Schamane, und seine Band ist toll.

Über Britpop

Es passieren zur Zeit einige interessante Dinge hier drüben. All diese Bands wollen die Sache wirklich voll und ganz durchziehen; anders als andere Bands in der Vergangenheit – sie wollen so groß werden wie die Stones und die Beatles, und ich finde das toll, denn in den Achtzigern ist man für solche Ambitionen aufgehängt worden. Die ganze Indie-Geschichte hat den Rock'n'Roll regelrecht gelähmt, niemand durfte seine Ambitionen offen zugeben.

Als ich in die Band eingestiegen bin, da wollte ich bei den Stones sein oder bei den Beatles, den Who oder den Kinks. Daher hoffe ich wirklich, daß aus dieser Entwicklung ein paar tolle Bands hervorgehen, die dabeibleiben, diese Dynamik genießen, denn diese Dynamik ist die eigentliche kreative Energie, wenn du in 'ner Band bist. Diese Einstellung von wegen: »Nein, wir treten nur in Clubs auf«, dann: »Okay, wir spielen in Theatern, aber

niemals in einer Halle«,
schließlich: »Also gut, wir
spielen in den Hallen, aber
nie im Stadion«; das ist immer so weitergegangen, und
in Amerika läuft das auch gerade wieder. Es ist immer der
gleiche Scheiß, und ich finde
einfach, wenn man ein
schüchterner, introvertierter
Mensch ist, dann wird man
halt Töpfer oder so was, aber
man spielt doch nicht in einer Rock'n'Roll-Band,
Mann!

Es hat ein paar wirklich gute
Bands gegeben, die regel-
recht verkümmert und eingegangen sind, weil sie aus ihrem Hip-Sein eine Religion
gemacht haben. Ich hoffe
bloß, daß Blur und Oasis es
mit der Welt aufnehmen und
gewinnen – mal den Main-
stream aufmischen; warum
machst du das nicht auch?

Über Pavarotti

Als wir gelandet sind, war er
schon da, um uns abzuholen,
mit fünf weißen Limousinen,
fünf Mercedes. Das Fenster
wurde runtergelassen, und

der große Mann hat selbst
am Steuer gesessen und uns
in seinen Wagen gebeten. Er
hat uns dann die fünfzehn
Meilen zu seinem Haus ge-
fahren. Das Tor ist aufgegan-
gen, wir sind eine lange Auf-
fahrt hochgefahren, und
dann hat er den Wagen abge-
stellt... direkt vor dem
Tisch! [Gelächter] Er hat die
Tür aufgehalten und gesagt:
»Pasta!« Da konnte ich echt
nicht mehr.
Über »Passengers: Original
Soundtracks I«

Der Starzirkus

Wie das so ist, ein Rockstar zu sein? Da gibt's bestimmt Leute, die besser geeignet sind, das zu beantworten. Ich glaube, ich bin eine Art Teilzeit-Rockstar. Wir sind wahrscheinlich die schlechtesten Rock'n' Roll-Stars, die es je gegeben hat, wir sind dafür überhaupt nicht richtig ausgestattet... diese Arme hier sind verkehrt herum aufgesteckt.

Juni 1985

Die Leute laden mir zuviel Verantwortung auf. Die kommen echt, um auf dem Rasen vor meinem Haus ihren letzten Atemzug zu tun. Reisen aus der ganzen Welt an, um einen Slip von meiner Wäscheleine zu mopsen.

Juli 1987

Es wird langsam langweilig, zu sagen, daß U2 toll sind. In Irland hören sie das schon seit Jahren. Außerdem gibt's noch viel mehr, was für Dublin und Irland spricht, als nur U2. Wenn man den Leuten also bis zum Gehtnichtmehr U2 einflößt, dann kann ich's ihnen nicht übelnehmen, wenn sie uns ab und zu wieder rauskotzen. Ich glaube auch, daß es eine sehr gesunde Einstellung ist, Rock'n' Roll-Bands gegenüber zynisch zu sein. Und es ist besonders gut, Bands zynisch gegenüberzustehen, die erreichen wollen, was U2 erreichen wollen. Weil wir in den Siebzigern gesehen haben, wie Rock'n'Roller stinkreich und träge gewor-

148

den sind. Deshalb halte ich das eigentlich für eine gute Sache. Ich versteh's wirklich, obwohl mir Lob natürlich lieber wäre.

Oktober 1988

Zum gegenwärtigen Zeitpunkt ist uns der Erfolg unserer Platte völlig egal. Wir haben eine LP gehabt, von der wir so viele Exemplare verkauft haben, daß wir uns um so was nie wieder Sorgen machen müssen. Ich muß auch sagen, daß wir uns überhaupt erst gar keine Sorgen darum gemacht haben. Aber heute erst recht nicht. Wir sind nur auf Musik aus.

Oktober 1988

Tourwahn? Oh, das ist wie Lagerkoller... wenn du längere Zeit auf Tour bist. Hör zu, ich hab wirklich den tollsten Job auf der Welt, ich bin völlig überbezahlt, alles schön und gut, aber es gibt Momente, da kann dein Hotelzimmer noch so schön sein, da ist es egal, in welchem Hotel du bist, manchmal fängst du an, dich wie

ein Gefangener zu fühlen. Manchmal bringt das einfach die schlimmsten Seiten in dir zum Vorschein. Wenn du in dein Hotelzimmer zurückkommst, ist das ein sehr einsamer Ort. Selbst wenn deine Kumpels gerade überm Flur wohnen, ist es dort manchmal sehr einsam... und das ist Tourwahn.

Oktober 1988

Mit unserem Vermögen gehen wir auf zweierlei Art um. Da gibt's das, was U2 als Gruppe macht – finanzielle Entscheidungen, die wir gemeinsam treffen –, und dann haben wir unsere individuellen, privaten Verpflichtungen. Beides halten wir geheim, und auch wenn es uns nicht von der Schuld befreit, in einer Gesellschaft, die nicht viel hat, viel Geld zu haben, gibt es uns zumindest das Gefühl, etwas Sinnvolles mit dem Geld anzufangen. Es gibt immer noch Widersprüchlichkeiten, die wir angehen müssen – aber wenn ich mir etwas aussuche, was ich an einem Tag in Angriff nehmen will, darf es mir nicht wichtiger werden, als in einer Band zu spielen, Musik zu machen. Es ist nämlich fast schwieriger, Geld zu verschenken, als es zu verdienen, wegen der Verantwortung, die das mit sich bringt.

Wegen der ganzen Prügel, die wir in der Richtung zur Zeit vom Mittelstand beziehen, haben wir immer noch eine Riesenanhängerschaft unter den Arbeitern. In einem Pub in Foxrock wäre ich stärker unter Beschuß als im Ballymun House. Dort denken sich die Leute, glaub ich: »Das ist seine Sache.« Und sie wissen, daß wir Steuern zahlen und dem Land überhaupt viel Geld einbringen. Es macht mir nichts aus, Steuern zu zahlen, obwohl ich natürlich versuche, so wenig wie möglich zu zahlen – ich verteil mein Vermögen lieber gleichmäßig.

Ich glaube, ich habe schon mal gesagt, daß ich mich schon immer reich gefühlt habe. Früher, in der Lypton-Village-Gang als Jugendliche,

da hatten einige Geld und andere nicht. Es ist mir nicht weiter aufgefallen. Meine Kumpels haben mir beigestanden, Ali hat mir beigestanden, alles hat mir Rückhalt gegeben. Aber ich bin nicht dumm. Ich weiß, wie man Geld verdient, und ich habe auch einen gewissen Geschäftssinn, aber das Geld interessiert mich nicht um seiner selbst willen, und das war auch noch nie so. Weißt du, mein Alter lacht über mich – er findet das alles irrsinnig komisch, weil ich mich nie fürs Geld interessiert hab. Er glaubt, daß das Gottes Sinn für Humor beweist, weil ich eben nicht so bin. Wahrscheinlich bin ich in anderer Beziehung gierig – vielleicht bin ich besitzergreifend, was Menschen angeht.

1989

Die meisten Leute da draußen müssen sich für'n bißchen Knete alles mögliche bieten lassen, nur damit sie ihre Miete zahlen können. Deshalb ist es so furchtbar,

mitanzusehen, daß Rock'n'
Roll-Stars sich genauso verhalten, wo wir doch sowieso
'nen Arsch voll Geld haben.
Es ist einfach peinlich, wenn
sie für Geld eine Cola-Dose
umarmen und küssen, ob-
wohl sie das Geld doch gar
nicht brauchen. Das ist doch
keine große Sache... Ich meine, für die Leute, die dir
Ausrüstung zur Verfügung
stellen, Gitarrensaiten, Werbung machen, das hat's immer schon gegeben. Deshalb
wollen wir da nicht zu
fromm tun. Aber man muß
irgendwo eine Grenze zie-
hen. Jungen Bands kann ich's
auch nicht verdenken, wenn
sie sich als gesponserter Act
präsentieren wollen, wenn
sie kein Geld haben...

April 1992

Wir sind wirklich in einer
tollen Lage, weil man uns
Dinge durchgehen läßt, die
andere Bands, die nicht unseren Status haben, nicht unge-
straft machen dürfen. Das
kann zum Beispiel so was
sein, wie eine Single wie *The
Fly* zu veröffentlichen und

die amerikanischen Radiosta-
tionen tatsächlich dazu zu
bringen, sie zu spielen, einfach weil es die neue Single
von U2 ist. Manchmal kön-
nen solche Kleinigkeiten tatsächlich einen Unterschied
ausmachen, und es macht
einfach Spaß, die gängige
Praxis in Frage zu stellen.
Was immer es braucht, um
dieses Scheißding auf Platz
Eins zu kriegen.

Und genau darum geht es:
deine Stellung zu mißbrauchen, nichts anderes. Nein,
[sie nur drei Wochen lang zu
verkaufen] war nicht unsere
Idee, es war die Idee der
Plattenfirma – und sie war
richtig gut. Ich weiß nicht,
ich finde es einfach cool, damit durchzukommen, und
das ist doch unsere Aufgabe,
unsere Position zu mißbrauchen, damit Sachen im Radio
gespielt werden, die's sonst
nicht dorthin schaffen.

Wir haben ein bißchen
Hilfe bekommen, und wir
sind damit sehr zufrieden. Es
ist cool, daß ihr die Platte
spielt und daß die Leute unsere Platten anhören. Wir er-

warten nicht, daß unsere Musik morgens um halb acht gespielt wird, aber daß es so ist, finde ich gut. Es ist nicht nur für U2 gut – für uns ist es natürlich hervorragend –, sondern auch für die BBC, weil sie nicht mehr so verschlafen wirken, wie es vielleicht sonst der Fall wäre.

April 1992

Wir müssen das nicht tun [Songs in der Werbung einsetzen], so einfach ist das... man muß das nicht tun. Ich war immer der Meinung, daß das der Deal ist, daß es zwischen dir und deinem Publikum so eine Art Abmachung gibt: Sie geben dir die Kohle und sagen, fahrt in Urlaub, wohin ihr wollt, wohnt, wo ihr wollt, und so weiter, dafür gebt uns einfach gute Musik und macht keine Dummheiten.

April 1992

Diese ganze Vorstellung, wie »gefährlich« das alles ist, geht auf die sechziger Jahre zurück. Aber was damals gefährlich war, ist heute kein

bißchen gefährlich mehr. Diese ganze Geschichte, das Selbstzerstörerische, »Sex & Drugs & Rock'n'Roll«, das spielt doch nur den großen Unternehmen in die Hände. Sie nennen es einfach geplanter Verschleiß – verheiz den einen Rock'n'Roll-Star, find einen anderen. Das ist alles Schwachsinn. Rebellion ist heute viel komplexer. Umstürzlerisch zu sein bedeutet nicht mehr, dein Hotelzimmer kurz und klein zu schlagen – deine Plattenfirma wird darüber sehr glücklich sein. Weißt du, wenn ich jetzt hier in eine BBC-Tasse pissen wollte, dann wäre das gut für die Verkaufszahlen, aber es ist nicht gefährlich oder rebellisch. Ich kann wirklich nicht glauben, daß die Leute auf diesen alten Käse immer noch hereinfallen. Es ist zu billig, ich kann nicht glauben, daß die Leute immer noch fest daran glauben. Es ist das Geistige, Spirituelle, das wirklich rebellisch ist... das ist es, was die Leute heute vor den Kopf stößt und nicht Sex. Sex...

ganze Unternehmen bauen
darauf auf, sie verkaufen
Pepsi und Coca Cola damit.
Es ist traurig, wie leicht man
uns schockieren kann.

April 1992

Wer 50 000 Leute pro Abend
braucht, die sagen: »Du bist
in Ordnung«, dem muß ir-
gendwas fehlen. Und ich
meine das im Sinne von
Selbstgefühl und nicht unbedingt in bezug auf klaren
Verstand. Ich glaube nicht,
daß man von Anfang an so
ist, aber wie man an Elvis
sieht, kann man sehr leicht
dahin kommen.

August 1993

In Amerikas Arme

Da ich in Irland aufgewachsen bin, war Amerika für mich immer ein überrealer Ort. Es war so, als würde es das Land gar nicht wirklich geben. Vielleicht existierte es ja nur im Fernsehen, und jedesmal wenn ich den Fernseher ausgemacht hab, verschwand es. Als ich dann nach Amerika gekommen bin, habe ich festgestellt, daß es genauso überreal ist wie im Fernsehen. Daran erinnere ich mich noch, das Fernsehen war absolut lebensnah.

1988

In Amerika haben wir für die Warner Brothers oberste Priorität. Sie bringen für uns eine Riesenmaschinerie in Gang. Das kann eine sehr üble, beängstigende Angelegenheit sein, wenn man nicht die Kontrolle darüber hat. Weil diese Maschinerie dich einfach wieder ausspucken kann. Sie kann dich aufbauen. Oder sie kann dich ruinieren. Wir haben dadurch die Kontrolle behalten, daß die richtigen Leute für uns arbeiten.

Mai 1981

Ein Netzwerk ist am Entstehen. In jedem Staat sind englische Musikzeitschriften zu haben. College-Radiosender spielen Bands wie U2, Scritti Politti, Teardrop Explodes. Denn das Radio wird bald out sein, wenn es nicht aufwacht. Ich hab mich mal mit

einem Radiomenschen unter-
halten, und der hat gemeint,
dieses Jahr gefällt den Leuten
Loverboy, weil sie so klingen
wie Foreigner letztes Jahr.
Wir leben in konservativen
Zeiten, und niemand mag das
Wort »neu«. Es ist kein gutes
Wort.

Februar 1982

Wir sind sehr gerne hier, gerade, was die Auftritte angeht. Das Publikum reagiert
aus dem Bauch raus. Man
liest hier nicht viel über Musik. Die Leute erfahren von
neuen Sachen nur übers Radio, was eine lokal begrenzte
Angelegenheit ist. Du kannst
in Boston der Knüller sein,
und in Texas hat noch kein
Schwein von dir gehört.

Februar 1982

Die Iren haben Amerika aufgebaut.

November 1984

Amerika ist ein sehr mächtiges Land. Man kämpft damit,
man ringt mit Amerika. Ich
sage immer, es gibt zwei
Amerikas, eins, wo es 48 Ka-
näle gibt, wo Ronald Reagan
lebt, wo's Pistolen und den
Ku-Klux-Klan gibt. Aber
mich interessiert mehr das
andere Amerika, das für
mich Weite bedeutet, ein gerade erst entdecktes Land,
mit seinen großen Städten
und den Menschen dort, die
zu unseren Konzerten kom-
men und die ich als ungeheuer aufgeschlossen unserer
Musik gegenüber empfinde.
Sie haben keine vorgefaßten
Meinungen über die Band,
und sie sind nicht so ver-
klemmt wie manch ein Pu-
blikum in anderen Teilen der
Welt.

November 1984

Ich mußte unser letztes Konzert in New York abbrechen
– ich war gerade mitten in
Sunday Bloody Sunday, und
eine Gruppe von Leuten hat
ständig »F... the British« ge-
brüllt. Also hab ich das Konzert abgebrochen und gesagt:
»Okay, das war's, ihr versteht diese Band völlig
falsch.« Es kommt vor, daß
ich so was bei einem Konzert
sagen muß. In dem Augen-

blick kapieren das die Leute vielleicht nicht, aber danach, wenn sie im Zug nach Hause sitzen, wenn sie nach Hause laufen und sich darüber unterhalten... Weißt du, ich denke, insgesamt sind sich die Leute schon darüber einig, was wir tun, und verstehen es. Aber es gibt Ausnahmen.

Januar 1985

Ich erinnere mich noch an unseren ersten Gig in Amerika, das war im Mud Club in New York, und diese Leute von Premier Talent sind zu uns gekommen und haben gesagt: »Das wird interessant, wenn ihr mal im Madison Square Garden spielt.« Ich meine, das war genau das, was wir auf gar keinen Fall jemals tun wollten, und wir haben uns auch die ganze Zeit geweigert, in diesen Flugzeughallen zu spielen, bis ich dieses eine Konzert von Bruce Springsteen im Wembleystadion gesehen hab. Heute genieße ich es, an solchen Orten zu spielen – anstatt im Hintergrund

Buntglasfenster zu haben, sind da jetzt Leute – ja, genau, Leute! Und wir machen große Musik. Wenn wir mit *Pride* anfangen, dann schwebt das über dem Publikum, und das eingrenzen zu wollen, da würden wir uns doch in die Tasche lügen.

Juni 1985

In Amerika hast du es mit all diesen Leuten zu tun, die sich von Gott gesandt fühlen, diese Leute, die Stimmen hören, die ihnen sagen, sie sollen mit U2 Kontakt aufnehmen... Wahnsinn.

Juni 1987

Ich hatte irgendwie eine Überdosis Amerika abbekommen. So wie bei diesem Typ in *Clockwork Orange*, dem sie die Lider aufhalten, damit sie ihm über einen Riesenbildschirm eine Überdosis an ultrabrutalen Bildern verpassen können... Ha! Es fasziniert mich doch immer noch, das Gute und das Böse. Diese kulturelle Schizophrenie gegenüber Amerika ist etwas speziell

156

Irisches, das Ergebnis einer langjährigen Beziehung. Außerdem wird man als Schreibender von diesen Eindrükken überflutet, da sickert der Wahnsinn Amerikas durch...

Juni 1987

Da gab's einen Abend in L.A., ziemlich am Anfang der Tour, als wir eine Morddrohung erhalten haben. Die Polizei hat sie wirklich sehr, sehr ernst genommen. Jemand hatte einen Waffenschein an die U2-Büros geschickt, und sie haben gedacht, der Kerl wäre auf das Konzertgelände gelangt. Auf einmal waren lauter Bullen auf der Bühne, was mir völlig gegen den Strich gegangen ist. Ich hatte nie geglaubt, daß mich so was stören würde, und als ich raus bin auf die Bühne, war das für mich kein Thema mehr. Ich hab es einfach mit einem Lachen abgetan, so wie die Blues Brothers – »Wir sind im Auftrag des Herrn unterwegs, und wir sind noch nicht fertig.« Dann kam der zweite Abend, und die Bullen sind zu uns gekommen,

kurz bevor wir angefangen haben, und meinten, sie hätten einen Fehler gemacht. Er käme erst heute abend! Beim zweiten Mal hab ich nicht mehr gelacht.

Also, wir bekommen ja alle möglichen rassistischen Sticheleien ab, weil wir einen Song für Martin Luther King geschrieben haben, oder wir werden als links abgestempelt, weil wir die Amnesty-International-Tour mitgemacht haben. Wo du auch hinschaust, sind wir Zielscheibe irgendeiner Randgruppe. Am zweiten Abend stehen wir also auf der Bühne, und ich singe gerade *Pride* und denke: »Wenn jemand es tun will, dann wird es bei diesem Lied sein.« Da hab ich mich auf die Bühne gekauert, hab meine Augen geschlossen und einen Moment lang an diese Morddrohung gedacht. Als ich dann aufgesehen hab, stand Adam vor mir, zwischen mir und dem Publikum. Das war ein sehr, sehr guter Moment... Ich hab den Scheißkerl nie leiden können.

Dezember 1987

Als ich an der Westküste war, hab ich eine Zeitlang fast allergisch auf Menschen reagiert. Jedesmal, wenn das Telefon geklingelt hat, hab ich Panik gekriegt. Ich bin tagelang in meinem Zimmer geblieben, weil ich mich völlig ausgepowert gefühlt hab. Ich war eine Ware, die man kauft und verkauft und die bald überflüssig sein würde. Ich hatte das aber bald überwunden. Ein paar Drinks und ein Hamburger, und die Menschheit hat mich wieder. Es wäre echt langweilig, wenn ich über etwas jammern würde, das doch eigentlich das beste Jahr meines Lebens hätte sein sollen.
Dezember 1987

Ich glaube, der einzige Grund, weshalb man uns Kritik an Amerika durchgehen läßt, ist, daß wir Amerika lieben.
Dezember 1987

Wie in aller Welt soll ich mir bloß Amerika vom Leib halten? Ich krieg's ja nicht mal aus meinem Fernseher raus!

Elvis hat alles verändert: Das Amerika, das ich kenne, ist 1956 geboren worden, in dem Moment, als Elvis in der Merv Griffin Show aufgetreten ist – weil in dem spastischen Tanz dieses Typen die Musik von Schwarzen und Weißen aufeinandergeprallt ist. Er sah aus wie ein Weißer und war im Herzen ein Schwarzer. Was ich an Amerika wirklich liebe, ist die Tatsache, daß es dieser Schmelztiegel von europäischer und afrikanischer Kultur ist, das bewahrt es vor dem endgültigen Spießertum. Ich glaube, das wirklich Wichtige an Elvis Presley und der Rock'n'Roll-Kultur ist, daß sich in Amerika danach alles geändert hat. Er hat an der Überwindung des Rassismus einen genauso bedeutenden Anteil wie die Friedensbewegung und Martin Luther King – nicht, was den institutionellen Rassismus, sondern was den landläufigen Rassismus angeht. Es war ein außerordentliches Ereignis: Da hat eine Explosion stattgefunden.

Elvis hatte Amerika gefressen, bevor Amerika ihn gefressen hat.

Wir leben alle in Amerika – man muß nur den Fernseher anmachen und man sieht Amerika, und genauso ist es bei einem Großteil der Musik, die wir hören… Zu Amerika gehören mehr als nur die 700 Millionen Menschen dort. Wie Wim Wenders gesagt hat: »Amerika hat das Unbewußte in uns kolonisiert.« – Es ist überall, wie soll ich es also loswerden?

November 1991

Daß den Engländern das »Großsein« so wichtig ist, hat eher was mit dem Empire, oder besser gesagt, seinem Verlust zu tun als mit Musik. Sie haben früher mal eine große Kriegsmarine gehabt, große Fußballmannschaften, haben mit großem Verstand große Brücken gebaut und haben einige wunderbar große Dinge getan; mit Sicherheit waren einige der größten Rockbands bri-

tisch. Aber heute heißt es immer: »Wir sind nicht groß, weil wir es nicht sein wollen«… Ich meine, spart euch doch diesen Scheiß und zeigt uns euren Pimmel; überlaßt dieses »klein ist wunderbar« den Japanern… die sind darin viel besser. Im Rock'n' Roll geht's gerade darum, groß zu sein. Die Dynamik ist doch einer der Hauptakteure, und wenn du eine beschaulichere Branche suchst, dann fang mit Stricken an! Ich glaube einfach, das ist Penisneid. Früher war Großbritannien Amerika, und zu der Zeit war es gut, »groß« zu sein; diese »klein ist wunderbar«-Haltung heute hängt eher mit der Angst zusammen, amerikanisch zu sein, als mit irgend etwas anderem.

Ich kann nicht verstehen, wie eine Kultur [die britische], die einige der größten Popkünstler der zweiten Hälfte des 20. Jahrhunderts hervorgebracht hat, immer noch naserümpfend von »Popmusik« spricht und sie auf Ar-

meslänge von sich hält. So
viele dieser Leute haben unsere Phantasie angefacht, sie
haben meine Phantasie beflügelt und mich dahin ge-
bracht, in Dimensionen zu
denken, die man in einer
Stunde nicht erklären könnte. Ich glaube nicht, daß sie
in den Vereinigten Staaten
dieses Problem haben, und in
Irland ganz bestimmt nicht.
Es ist entweder großartig
oder es ist nicht großartig.
Nur, weil etwas in einem
Buch geschrieben steht, heißt
das noch lange nicht, daß es
mehr wert ist oder weniger,
und ich glaube, das ist so ein
bißchen euer Problem hier in
England. Ich finde das so
schade, denn es gibt tolle
Schriftsteller, aber auch tolle
Bands und tolle Musik. Ich
habe übrigens gerade in der
Sunday Times eine Umfrage
gelesen, die ergeben hat, daß
Musik bei den Leuten ganz
oben auf der Liste steht,
wenn's darum geht, welche
Dinge einen Einfluß auf ihr
Leben haben.

Ted Turner [CNN] ist der
neue König von Amerika.

U2 kann die Welt retten

Männer des Friedens

Martin Luther King war kein passiver Pazifist, er war ein kämpferischer Pazifist. Wenn man mit dem, was man singt, für die Leute da draußen, für eine Masse von Leuten, etwas aussprechen kann, und wenn das nur so was wie »No more, no war!« [Nie wieder Krieg!] ist... Jeder fühlt doch so. Man denkt zwar nicht den ganzen Tag daran, aber das Gefühl ist trotzdem da. Jeder weiß, daß es momentan ein Bündnis zwischen Ronald Reagan und Mrs. Thatcher gibt, daß Atomraketen in Deutschland stationiert werden, aber man weiß das nicht auf einer bewußten Ebene,

oder? Man wacht nicht auf und denkt: »Noch ein Tag, der mein letzter sein könnte.« So denkt man nicht.
November 1984

Die Leute glauben, ich fühle mich deshalb so von Martin Luther King, Gandhi, Jesus Christus angezogen, weil ich in gewisser Weise selbst ein echter Mann Gottes bin. Aber in Wahrheit faszinieren mich diese friedfertigen Männer gerade deshalb, weil ich der Typ mit der zerbrochenen Flasche in der Hand bin. So bin ich aufgewachsen, und ich verabscheue Gewalt. Ich verabscheue die Gewalttätigkeit, die in mir steckt, und deshalb bin ich fasziniert von Menschen, die sich da-

161

von abgewandt haben.

März 1987

John Hume ist ein wahrer
Held; er ist der Mensch in
dem Konflikt. Er haut schon
seit zwanzig Jahren uner-
müdlich in die gleiche Kerbe.
Er ist der Martin Luther
King unserer Zeit, und ich
bin sozusagen ausreichend
alttestamentarisch und kali-
fornisch geprägt, um an Süh-
ne und Karma zu glauben.
Aber ich finde wirklich, daß
das auch für Großbritannien
wichtig ist, denn Großbritannien war da schließlich
maßgeblich beteiligt. Ich
glaube, die Menschen wollen
diesen Ballast abwerfen, und
ich halte es für wichtig, daß
man neu anfangen kann, von
vorn. Meiner Meinung nach
wäre es toll, wenn Prinz
Charles nach Irland kommen
und es offen aussprechen
würde: Hier ist eine furchtbare Tragödie passiert, und
wir sind daran beteiligt, und
jetzt laßt uns gemeinsam einen Weg aus der Misere finden. So was in der Richtung
würde reichen; zu was ist die

königliche Familie denn
sonst da?

Über Mittelamerika

Die Revolution in Nicaragua
ist die... na ja, irgendwie die
erotischste Revolution, die
ich je gesehen hab... Frauen
in Khaki-Uniformen, die an
den Straßenecken stehen
und... also, eigentlich mag
ich überhaupt niemanden
mit einem Armalite-Gewehr,
aber die standen da, haben
Zigaretten geraucht und dabei ausgesehen wie Miss
World.

März 1987

Man kann in der Bequem-
lichkeit seiner Freiheit einschlafen. Wir können nicht
alles Unrecht wiedergutmachen, aber wir können versuchen, Leute zu finden, die
dabei helfen können. Und
wenn Amnesty das tut, warum sollte man sie dabei nicht
unterstützen?

März 1987

Es hat mich nach Mittelamerika gezogen, nachdem ich
[den chilenischen Künstler]

162

René Castro kennengelernt
habe. Er hat mich zuerst
nicht weiter beachtet, bis er
die Gemeinsamkeit »Amne-
sty« entdeckt hat... Amnesty
hat ihm das Leben gerettet.
Er wurde verhaftet, als
Allende umgebracht wurde
und es dort den Militär-
putsch gab. Man hat ihn gefoltert. Er hatte ein Loch in
der Brust, sie haben ihm ein
Loch in die Brust gebohrt.
Er war mit Victor Jara in diesem Stadion, als man Jara die
Finger abgehackt und ihn
dann brutal ermordet hat.
Amnesty International hat
Castro rausbekommen. Einige Lateinamerikaner sind zu
unseren Konzerten gekom-
men, René Castro hat mir ein
paar von seinen Bildern geschickt, und schließlich hat
man mich gebeten, nach El
Salvador und Nicaragua zu
gehen.

März 1987

Sie haben mich gebeten,
[nach Mittelamerika] zu gehen, und mir hat sich eine
völlig neue Welt eröffnet.
Ich hab bei den Müttern der

Verschwundenen gesessen,
und sie haben mir Schwarz-
weißbilder von ihren Kin-
dern gezeigt, so, wie man sie
nach Hause zurückgeschickt
hat – zerstückelt. Das war
wie ein Alptraum, aus dem
man nicht mehr aufwacht.
Während ich auf der Auto-
bahn unterwegs war, hab ich
mitbekommen, daß Leichen
hinten aus einem Lieferwa-
gen rausgeworfen wurden.
Daß ein Mann, der mich an
die verschiedenen Orte gebracht hat, von Todeskom-
mandos verfolgt wurde. Ich
hab mitangesehen, wie Dör-
fer von Kampfflugzeugen
terrorisiert und bombardiert
worden sind, während ich
gerade auf dem Weg dorthin
war. Die Wochen, die ich
dort war, kamen mir wie Jahre vor. Da erscheint einem
Amnesty International dann
einfach als eine sehr gute
Idee.

März 1987

In Salvador... da hat man die
Bösartigkeit der Soldaten
richtig zu spüren bekommen.
Es war fürchterlich. Ich war

163

unterwegs zu einem Dorf, und dieses Dorf haben sie bombardiert. Das hat mir eine Scheißangst eingejagt. Ich hab nicht gewußt, wo ich hinlaufen sollte. Sie haben dieses Dorf mit Mörserraketen beschossen. Die Bomber waren über uns, und so'n Bauer sagt zu mir: »Keine Angst, ist da drüben!« Er macht das jeden Tag mit und hat gelernt, damit zu leben, aber ich war nur für ein paar Wochen dort, und zu diesem Zeitpunkt hab ich mir wirklich Sorgen gemacht, vor allem um mich selbst. Die Soldaten haben losgeballert, über unsere Köpfe, während wir dort standen. Die haben nur ein bißchen ihre Muskeln spielen lassen – und mir war wirklich kotzübel.

März 1987

Über Krieg

Wenn ich an Vietnam denke, fallen mir zwei Sachen ein: Hendrix, der *Star Spangled Banner* spielt, und das Bild von diesem Kind, das nach dem Abwurf einer Napalmbombe wegläuft. Die Dinge, die mich beim Thema Vietnam am meisten berühren, werden zufällig beide durch ein schöpferisches Medium vermittelt. Ich denke, die schöpferischen Medien, und dazu gehört eben auch der Rock'n'Roll, können die Situation, in der sich ein Land befindet, für einen real werden lassen.

Dezember 1987

Information und Kommunikation, das sind die Währungen von heute, Geld als solches existiert doch eigentlich nicht mehr, oder? Es existiert als Begriff, es existiert in Form von Binärcodes auf Mikrochips. Die Kriege von heute werden auf dem Feld der Zuschauerzahlen geführt, es reicht nicht mehr, zu gewinnen, du mußt dabei auch noch gut aussehen. Was zählt, sind die Bilder, die von einem Krieg hängenbleiben. In dieser Hinsicht haben die Vereinigten Staaten bei Vietnam danebengelegen und bei Bagdad genau richtig. Dieser Krieg war sehr gut inszeniert, er hat gut ausgesehen, und von den schlimmen Sachen hat man erst sehr viel später gehört.

Was wir bei Vietnam vor Augen haben, ist das Bild eines brennenden Kindes. Also... genau in diesem Moment brennt aller Wahrscheinlichkeit nach wieder ein Kind, diesmal in Sarajevo, gerade mal 200 Meilen von hier entfernt. Während wir uns hier unterhalten, findet ein Massaker statt. Davon hört und liest man nichts in den Zeitungen, in den Medien, und bevor wir nicht diese Bilder sehen, werden wir nicht darauf reagieren. Ich glaube nicht, daß es Zufall ist, daß in dem Krieg in Bosnien mehr Journalisten getötet worden sind als jemals zuvor in der Geschichte der Konflikte zwischen den Völkern. Auf die Köpfe der Journalisten ist eine Belohnung ausgesetzt, weil die Kriegsherren wissen, daß es die Bilder sind, die zählen. Worte vermitteln nichts mehr.

All die Gefangenen sind immer noch nicht frei, und die Menschen, die hungern, ha-

ben immer noch nichts zu essen... deshalb geht's weiter.

Ich weiß, daß man heutzutage ein bißchen cleverer sein muß, um etwas rüberzubringen, und deshalb kommen wir noch mal für einen Augenblick auf Sarajevo zurück – das war für mich ein echtes Schlüsselerlebnis. Ich war völlig hin und weg von den Dadaisten. Der Dadaismus kommt ursprünglich aus der Schweiz und war eine Reaktion auf den Nationalsozialismus und die Nazis – die Dadaisten haben den Humor dagegen eingesetzt. Humor ist die beste Waffe, und ich glaube, daß Komiker, in einem prophetischen Sinn, die wahren Rebellen sind. Ihnen läßt man Sachen durchgehen, für die man Rockbands einsperren würde. Ich denke einfach, man muß gewitzt sein, wenn man irgendwelche Argumente vorbringen will.

Ich kann es wirklich verstehen, wenn die überwältigende Mehrheit sich dafür entscheidet, zu den Waffen zu greifen, um gegen das Apartheidsystem zu kämpfen. Ich würde das wirklich verstehen und kann es auch nachvollziehen – aber ich hoffe, sie müssen es nicht tun. Es wäre besser, wenn es nicht auf die Art passieren müßte. Aber da gibt es halt einen weiteren Widerspruch, einen weiteren schlimmen Widerspruch in Ronald Reagans Amerika – daß sie zwar die Kontras unterstützen würden, um einen Staat wie Nicaragua, den sie für illegal halten, zu untergraben, aber keinen Versuch unternehmen, das Apartheidsystem zu unterminieren, von dem sie doch auch behaupten, daß es illegal ist.

1989

Über die Nuklearanlage in Sellafield

Hier in Dublin sind wir 130 Meilen von Sellafield entfernt – zur Downing Street ist es viel weiter, wie dir vielleicht aufgefallen ist. Hier stinkt es nicht. Es ist ziemlich absurd, daß wir das hier tun müssen – wir sind doch eine Rock'n'Roll-Band. Aber Sellafield 2 erhöht die radio-

aktive Strahlung um tausend Prozent. Irgend jemand muß etwas tun.

Über ihre Teilnahme an einer Demonstration gegen eine britische Nuklearanlage in Sellafield, Cumbria, August 1992

Sellafield 2 wird eine Umweltkatastrophe, und man sollte meinen, daß es auch ein wirtschaftliches Desaster wird. Die Deutschen überlegen schon, ob sie aussteigen, sogar die britische Regierung stellt Überlegungen an, ob sie sich von dem Projekt zurückzieht. Die haben bereits zwei Milliarden Pfund von dem Geld britischer Steuerzahler in Sellafield 2 gesteckt. Man wird eine weitere Milliarde brauchen, um die Sache zu Ende zu bringen. Wir bitten die Leute in Großbritannien, mal in Ruhe drüber nachzudenken, diese Sache wirklich ernst zu nehmen, weil sie uns alle betrifft. Wir haben jetzt zum ersten Mal die Möglichkeit, der britischen Regierung deutlich zu machen, was für ein Wahn-

sinn es wäre, Sellafield 2 in
Betrieb zu nehmen.

Januar 1993

Ich glaube, am schockierend-
sten war für mich die Fest-
stellung, daß ich über die
Fakten nicht Bescheid wußte. Ich hab nicht gewußt, daß
die Irische See das am stärk-
sten radioaktiv verseuchte
Meer auf der ganzen Welt ist.
Es ist absurd, daß eine
Rock'n'Roll-Band wie diese
hier aktiv werden mußte, um
die Fakten ans Licht zu bringen.

1993

Die Leute fragen uns immer,
ob wir glauben, mit unseren
Songs wirklich etwas verändern zu können. Ich sag
dann immer, dazu haben wir
sie nicht geschrieben. Nicht,
damit sie die Situation verändern. Das wäre meiner Meinung nach zuviel erwartet.
Aber vielleicht werden die
Leute zum Nachdenken an-
geregt, so wie wir.

The Edge, März 1988

Über die Organisation Jubilee 2000

Als Popstar habe ich zwei
Instinkte: Ich will Spaß haben – und ich will die Welt
verändern. Ich bin nicht der
einzige, dem es so geht.

* Februar 1999

Nun gut, wir haben eine
neue Weltordnung, und die
von den Medien berieselte
breite Masse hat sehr wohl
durchschaut, daß sehr viele
Menschen auf diesem Planeten hungrig und wütend
sind. Man plant einen Cyber-
Zirkus, aber es gibt kein
Brot. Es fällt uns immer
schwerer, die House-Party
zu genießen, während sich
die ausgezehrten, vom Hunger gezeichneten Gesichter
regelmäßig gegen unsere
Fernsehbildschirme pressen
– Gesichter, die in uns hin-
einsehen und die wegsehen.
In den achtziger Jahren hat
Bob Geldof instinktiv auf
dieselben Bilder reagiert. Er
hat eine verdorbene Generation – und ich bin stolz, ihr
anzugehören – auf einen Weg

mitgenommen, an dessen Ende ein nicht gerade unbedeutendes Ergebnis stand. Geldofs Live-Aid-Aktion hat 200 Millionen Dollar für Afrika zusammengebracht.

Wenn man sich nun vor Augen führt, daß genau diese Summe jede Woche von den ärmsten Ländern Afrikas nur zur Schuldentilgung ausgegeben wird, kann man darüber nur Wut empfinden. Afrika schuldet den westlichen Gläubigern 227 Milliarden Dollar – das sind 379 Dollar für jeden Mann, jede Frau und jedes Kind in Afrika.

* Februar 1999

Nachdem unsere Regierungen und Banken lange Zeit verschlagene Diktatoren umworben und finanziert haben – und diese inzwischen verstorben sind oder aus dem Amt gejagt wurden –, müssen nun ihre Nachfolger den Kopf hinhalten. Live Aid war nur der Anfang. Die Menschen aus den armen Ländern wollen heute keine Brotkrumen mehr vom gedeckten Tisch, sie wollen

auch keine wohltätigen Gesten – sie wollen selbst am Tisch sitzen. Sicher, für die jetzige Situation sind beide Seiten verantwortlich. Jahrelang hat es diese Mischung aus schlechten Darlehensgewährungen, schlechten Kreditaufnahmen, schlechter Wirtschaftslage und einfach Pech gegeben. Die Organisation Jubilee 2000 fordert nun, die unbezahlten Schulden müßten in einem offenen und fairen Prozeß bis zum Jahr 2000 abgeschrieben werden. Und weiter: Es muß eine neue Disziplin beim Geldleihen und Geldvergeben entstehen, und es muß verhindert werden, daß sich erneut Schuldenberge auftürmen können. Ich bin für die Ziele von Jubilee 2000.

* Februar 1999

Das Millennium ist ein Schlüsselmoment im Fluß der Zeit. Wir müssen diesen Moment ergreifen. Dies ist nicht die Zeit für ideologische Kreuzzüge, für Splittergruppen oder in ihrem Denken eingeengte Sektierer. Jubilee 2000 ist nichts von alledem. Die Organisation wird von zwei Richtungen getragen. Sie ist breit angelegt, bezieht viele Strömungen mit ein und ist international eingerichtet. Sie ist als frisches Joint Venture ganz unterschiedlicher Gruppen entstanden – darunter sind auch konservative Elemente, die erkannt haben, daß die Geldverleiher in der Vergangenheit zu weit gegangen sind.

Und am Vorabend der Jahrtausendwende gibt es dafür günstige, in dieser Form einzigartige Begleitumstände. Denn wir haben ein einzigartiges Team von Spielern, die, wie ich glaube, bereit sind, den Implikationen ihrer eigenen politischen Entwürfe ins Gesicht zu sehen. Tony Blair ist einer dieser Performer. Ebenso Gordon Brown. Und wie das nun mal so ist bei Performern, sind es die großen Gesten, mit denen sie einen Ruck auslösen können. Das Gespür für den richtigen Moment ist ungemein wichtig. Gerhard Schröder ist ein anderer Spieler. Er hat an das

Elend in Deutschland nach dem Zweiten Weltkrieg erinnert und daran, wie damals die Schuldentilgung kombiniert mit dem Marshallplan die nächste Generation von Deutschen davor bewahrt hat, die Schrecken der zwanziger und dreißiger Jahre zu wiederholen. Wenn das nächste Jahrtausend beginnt, wird Schröder, ebenso wie Bill Clinton, dessen bin ich mir sicher, seine Rolle ausfüllen.

Ich mag naiv sein, aber ich glaube fest daran, daß diese Politiker den Willen dazu haben. Aber sie werden diesen Weg nur einschlagen, wenn es zuvor einen außergewöhnlichen öffentlichen Aufschrei gibt.

Februar 1999

Ich arbeite im Musikgeschäft – einer Branche, in der es im wahrsten Sinne des Wortes auf das Volumen ankommt. Viel Lärm zu machen ist etwas, auf das sich Musiker sehr gut verstehen. Da blühen sie auf. Jetzt haben wir hier eine Idee, die nicht nur dem Millennium, sondern auch unserer Generation etwas Bedeutung geben kann. Ich hab zuletzt Anrufe von den unterschiedlichsten Kolleginnen und Kollegen bekommen – von Lauryn Hill, Pavarotti, Oasis, den Smashing Pumpkins, R.E.M., den Beastie Boys, Michael Jackson und vom gesegneten Bob Geldof höchstpersönlich. Man muß nur diese Namen mit Gewerkschaftsverbänden, der British Medical Association oder anderen Organisationen verbinden, dann erreichen wir jene Art von großem Schulterschluß, der geholfen hat, die Sklaverei und letztendlich auch die Apartheid zu beenden. Aber diese Joint Ventures halten nicht ewig. Sie existieren immer nur für einen Augenblick. Lassen wir ihn nicht verstreichen.

Februar 2000

Die Zukunft

Wir haben die Platte, die wir machen wollen, noch nicht gemacht. Aber wir werden sie eines Tages machen, und das ist unser Stand heute. Ich sage dir, wir sind nicht die Band der Achtziger. Wir kriegen es gerade erst auf die Reihe, aber gerade mal so.

Oktober 1988

Wir haben ganz fest vor, den Äther zu besetzen, und zwar noch ziemlich lange. Diese Geschichte von wegen erst ein Megaalbum rausbringen und dann megalange nichts von sich hören lassen, das hat für uns zum jetzigen Zeitpunkt einfach schon zu sehr was von einem Klischee. Du weißt schon, wir bringen die Platte raus, machen anderthalb Jahre eine Welttournee, dann anderthalb Jahre Urlaub auf Barbados, und dann kommen wir wieder. Das ist so langweilig. U2 sind auf so 'ner selbstmörderischen... nicht körperlich, sondern musikalisch... Wir haben vor, Musik zu machen, bis wir den Leuten zu den Ohren rauskommen. Wir sind soweit, daß es uns einfach egal ist! Wir haben nichts zu verlieren!

November 1988

Solange die Platten immer besser werden, bleiben wir zusammen. Sobald sie schlechter werden, bin ich weg.

April 1992

Wir nehmen das, was wir machen, immer noch genauso ernst. Wir tun nur so, als wär's anders.

Mai 1992

Für mich ist klar, daß U2 in zwei extreme Richtungen gehen können: Entweder wir setzen das Studio wie ein Instrument ein, wir ziehen alle Register, hauen es kaputt, manipulieren es – wir schütten Säure drauf. Oder aber wir beschränken uns auf die Basics, Gitarren, eine Geige, und nehmen das Ganze in fünf Minuten auf. Die meisten Bands machen den Fehler, daß sie irgendwas dazwischen machen. Sie arbeiten tagelang an einer Schlagzeug-Einspielung, und alles, was dabei rauskommt, ist tote Musik. Da ist kein bißchen Leben mehr drin.

Es gibt diese Kurve im Rock'n'Roll – viele Leute machen in den ersten zehn Jahren ihre besten Sachen, und dann passiert's – plötzlich fahren sie auf Autopilot. Falls sie überhaupt zusammenbleiben. Aber ich sehe keinen Grund, warum das so sein muß. Es gilt doch bei Dichtern oder Dramatikern oder Schriftstellern auch nicht. Es gibt keinen richtigen Grund dafür. Es passiert nur zufällig. Ich gehe davon aus, daß wir noch besser darin werden, die Songs, die wir in unseren Köpfen hören, umzusetzen. Die waren für mich sowieso schon immer viel interessanter als die, die ich auf unseren Platten höre.

Februar 1992

Man kommt nicht weiter, wenn man sich von vornherein eingrenzt. Erfolg ist ein Kriterium in der Popmusik, aber die große Herausforderung besteht darin, relevant zu bleiben. Wir sind immer noch eine Rock'n'Roll-Band, aber als wir uns im letzten Jahr umsahen, war es unverkennbar, daß HipHop und Dance die Genres sind, die im ausklingenden 20. Jahrhundert den Ton angeben. Und wir wollten sehen, welche Elemente dieser

Musik zu U2 passen.

* Februar 1997

Ich glaube, wir stehen kurz
davor, den Rock'n'Roll neu
zu erfinden. Darin liegt für
uns die Herausforderung.

The Edge, März 1988

Bildlegenden

Bildnachweis

London Features International: 1, 2, 3, 4, 5, 6, 7, 9,
    10, 11, 12, 15, 16
Rex Features: 8, 14
Rudolf J. Uhrig: 13

Diskographie

Boy, 1980, Island
October, 1981, Island
War, 1983, Island
Under A Blood Red Sky, 1983, Island
The Unforgettable Fire, 1984, Island
Wide Awake In America, 1984, Island
The Joshua Tree, 1987, Island
Rattle And Hum, 1988, Island
Achtung Baby, 1991, Island
Zooropa, 1993, Island
Passengers: Original Soundtracks I (mit Brian Eno), 1995,
   Island
Pop, 1997, Island
The Best Of 1980-1990, 1998, Island
The Million Dollar Hotel (Soundtrack), 2000, Island

Weitere Musikbücher im
PALMYRA VERLAG

Miles (Hg.)
Frank Zappa
In eigenen Worten
Vorwort von Václav Havel
Aus dem Amerikanischen von Kathrin Razum
144 Seiten · 16 Schwarzweißfotos
13,5 x 21 cm · Gebunden
DM 29,80 · ÖS 218,- · SFr 29,80 · ISBN 3-930378-08-6
»Das Buch ist eine Offenbarung!«
Norddeutscher Rundfunk

Michael Heatley (Hg.)
Neil Young
In eigenen Worten
Aus dem Amerikanischen von Torsten Waack
146 Seiten · 16 Schwarzweißfotos
13,5 x 21 cm · Gebunden
DM 29,80 · ÖS 218,- · SFr 29,80 · ISBN 3-930378-14-0
»Das Buch präsentiert den Künstler offen und ehrlich.
Daß es sorgfältig editiert ist und über eine ausführliche
Diskographie und viele Fotos verfügt, gehört beim
Palmyra Verlag zum gewohnten Standard.«
Saarländischer Rundfunk

David Dalton/Mick Farren (Hg.)
The Rolling Stones
In eigenen Worten
Aus dem Englischen von Torsten Waack
260 Seiten · 22 Schwarzweißfotos
13,5 x 21 cm · Gebunden
DM 34,- · ÖS 248,- · SFr 33,- · ISBN 3-930378-04-3
*Erstmals kommen in einer einzigen Veröffentlichung alle
Stones-Mitglieder zu Wort.*
*»Ein Werk, das anders ist als all die anderen.«
Abendzeitung/München*

———————

Miles (Hg.)
John Lennon
In eigenen Worten
Aus dem Englischen von Kathrin Razum
140 Seiten · 16 Schwarzweißfotos
13,5 x 21 cm · Gebunden
DM 29,80 · ÖS 218,- · SFr 29,80 · ISBN 3-930378-10-8
*»Ein spannendes Selbstportrait und unbedingtes Muß für
jeden Lennon- und Beatlesfan.«
Musikwoche*

John Duffy (Hg.)

Bruce Springsteen
In eigenen Worten
Vorwort von Wolfgang Niedecken
Aus dem Amerikanischen von
Sylke Wintzer und Peter Dürr
152 Seiten · 16 Schwarzweißfotos
13,5 x 21 cm · Gebunden
DM 29,80 · ÖS 218,- · SFr 29,80 · ISBN 3-930378-27-2
*»Das Buch hält was der Titel verspricht.
Wirklich empfehlenswert.«
Musix/Das Konzertmagazin*
*»Ein abgerundetes Portrait über Springsteens
Leben und seine Musik.«
Informationsdienst der Einkaufszentrale für
öffentliche Bibliotheken*

Pearce Marchbank/Mick Farren (Hg.)

Elvis Presley
In eigenen Worten
Vorwort von The King
Aus dem Amerikanischen von Ursula Damm
144 Seiten · 90 Schwarzweißfotos
13,5 x 21 cm · Gebunden
DM 34,- · ÖS 248,- · SFr 33,- · ISBN 3-930378-32-9
*In diesem Buch kommt Elvis Presley
ausführlich selbst zu Wort.*

Ian McCann (Hg.)

Bob Marley

In eigenen Worten

Vorwort von Max Herre

Aus dem Englischen von Ursula Damm

128 Seiten · 16 Schwarzweißfotos

13,5 x 21 cm · Gebunden

DM 29,80 · ÖS 218,- · SFr 29,80 · ISBN 3-930378-29-9

*»Für Fans der Reggae-Ikone ist das Buch mit
größter Sicherheit ein Volltreffer.«
Musikexpress/Sounds*

*»Die lockere Sammlung von Zitaten ist ein unanstren-
gender Weg, Marleys Weltsicht kennenzulernen.«
WOM Journal*

Peter Hogan (Hg.)

R.E.M.

In eigenen Worten

Aus dem Amerikanischen von Sylke Wintzer

128 Seiten · 16 Schwarzweißfotos

13,5 x 21 cm · Gebunden

DM 29,80 · ÖS 218,- · SFr 29,80 · ISBN 3-930378-17-5

*»Der Palmyra Verlag hat auch bei der Fotoauswahl ein her-
vorragendes Händchen bewiesen.«
Rockzentrale Franken*

Nick Wise (Hg.)

Nirvana · Kurt Cobain · Courtney Love

In eigenen Worten

Aus dem Amerikanischen von Kathrin Razum

140 Seiten · 16 Schwarzweißfotos

13,5 x 21 cm · Gebunden

DM 29,80 · ÖS 218,- · SFr 29,80 · ISBN 3-930378-12-4

»Wises Buch zerrt die bittere Wahrheit hinter
Nirvanas Erfolgsstory ans Licht.«
Westdeutsche Allgemeine

Paul Williams

Like A Rolling Stone

Die Musik von Bob Dylan, 1960-1973

Aus dem Amerikanischen von Kathrin Razum

472 Seiten · 16 Schwarzweißfotos

13,5 x 21 cm · Gebunden

DM 49,80 · ÖS 364,- · SFr 47,80 · ISBN 3-930378-01-9

»Das definitive Buch über Dylans Kunst.«
Siegfried Schmidt-Joos
Sender Freies Berlin

Paul Williams

Forever Young
Die Musik von Bob Dylan, 1974-1986
Vorwort von Günter Amendt
Aus dem Amerikanischen von Kathrin Razum
520 Seiten · 16 Schwarzweißfotos
13,5 x 21 cm · Gebunden
DM 54,- · ÖS 394,- · SFr 51,- · ISBN 3-930378-05-1
»Faszinierend und unverzichtbar.«
Rolling Stone/Deutsche Ausgabe

Georg Stein

Bob Dylan – Temples In Flames
Vorwort von Wolfgang Niedecken
Text von Martin Schäfer
96 Seiten · 70 Farb- und Schwarzweißfotos
24 x 22 cm · Gebunden · Kunstdruckpapier
DM 24,- · ÖS 175,- · SFr 24,- · ISBN 3-9802298-0-7
»Stein sind zweifellos Fotos von ganz besonderer
Aussagekraft gelungen.«
tip/Berlin

Bob Seymore

THE END

Der Tod von Jim Morrison

Aus dem Englischen von Kathrin Razum

166 Seiten · 16 Schwarzweißfotos

13,5 x 21 cm · Gebunden

DM 29,80 · ÖS 218,- · SFr 29,80 · ISBN 3-9802298-7-4

THE END beschreibt erstmals seriös und umfassend die Hintergründe von Jim Morrisons Tod.

»Spannend wie ein Krimi.«
dpa

Jethro Tull Songbook

592 Seiten · 17 Schwarzweißfotos

17 x 24 cm · Gebunden · 3. Auflage

DM 59,80 · ÖS 437,- · SFr 56,80 · ISBN 3-9802298-5-8

Das Buch enthält die kompletten autorisierten Songtexte (englisch-deutsch), persönliche Kommentare von Ian Anderson und bislang unveröffentlichte Fotos. Das Songbook ist auch in einer rein englischen Ausgabe erhältlich.

»Ein Prachtband.«
Berliner Morgenpost

B.B. King mit David Ritz

Ein Leben mit dem Blues

Die Autobiographie

Vorwort von Udo Wolff
Aus dem Amerikanischen von Sylke Wintzer
380 Seiten · 17 Schwarzweißfotos
13,5 x 21 cm · Gebunden
DM 49,80 · ÖS 364,- · SFr 47,80 · ISBN 3-930378-19-1

»Das Buch überzeugt in jeder Hinsicht.«
Musikwoche
»Ein wirklich tolles Buch!«
Jazz Radio Berlin

Johnny Cash mit Patrick Carr

Cash – Die Autobiographie

Vorwort von Kris Kristofferson
Aus dem Amerikanischen von
Sylke Wintzer und Peter Dürr
390 Seiten · 19 Schwarzweißfotos
13,5 x 21 cm · Gebunden
DM 49,80 · ÖS 364,- · SFr 47,80 · ISBN 3-930378-23-X

»Der große Johnny Cash erzählt die Geschichte seiner sieben
Leben; ein Buch, das man nicht mehr aus der Hand legen
mag: ehrlich, kraftvoll, weise.«
Musikexpress/Sounds

»Johnny Cash ist die berühmteste Stimme Amerikas.«
Frankfurter Rundschau

Nick Johnstone

Patti Smith – Die Biographie

Vorwort von Inga Rumpf

Aus dem Englischen von Michael Schiffmann

296 Seiten · 31 Schwarzweißfotos

13,5 x 21 cm · Gebunden

DM 49,80 · ÖS 364,- · SFr 47,80 · ISBN 3-930378-26-4

»Johnstone erreicht bisweilen eine analytische Schärfe, die an Paul Williams' Werke über Bob Dylan gemahnt.«
Musikexpress/Sounds

»Kenntnisreich berichtet Johnstone und breitet bewandert viel Musikgeschichtliches aus.«
Frankfurter Allgemeine Zeitung

Maya Roy

Buena Vista

Die Musik Kubas

Vorwort von Compay Segundo

Aus dem Französischen von Maximilien Vogel

Glossar · 256 Seiten · 26 Farb- und Schwarzweißfotos

13,5 x 21 cm · Gebunden

DM 39,80 · ÖS 291,- · SFr 38,80 · ISBN 3-930378-30-2

»Ein wahres Standardwerk zum Thema.«
Musikexpress/Sounds

»Ein äußerst kenntnisreiches und detailversessenes Buch, das nichts zu wünschen übrig läßt.«
Radio Bremen

Frédéric Lagrange
Al-Tarab
Die Musik Ägyptens
Vorwort von Rabih Abou-Khalil
Aus dem Französischen von Maximilien Vogel
Glossar · Register · 192 Seiten · 26 Schwarzweißfotos
13,5 x 21 cm · Gebunden
DM 39,80 · ÖS 291,- · SFr 38,80 · ISBN 3-930378-31-0
*Die erste umfassende Gesamtdarstellung der
Musik Ägyptens in deutscher Sprache.*

Jörg-Peter Klotz (Hg.)
Wolfgang Niedecken und BAP
In eigenen Worten
Vorwort von Dietmar Schönherr
240 Seiten · 23 Schwarzweißfotos
13,5 x 21 cm · Gebunden
DM 34,- · ÖS 248,- · SFr 33,- · ISBN 3-930378-24-8
*»Das Buch enthält eine hohe Dosis ungeschminkter
Selbstkritik und unbequeme Wahrheiten.«
Mannheimer Morgen*

Arno Köster (Hg.)

Udo Lindenberg

In eigenen Worten

Vorwort von Nina Hagen und Fritz Rau

132 Seiten · 16 Schwarzweißfotos

13,5 x 21 cm · Gebunden

DM 29,80 · ÖS 218,- · SFr 29,80 · ISBN 3-930378-20-5

»Ein interessantes Büchlein!«
Jürgen von der Lippe in der Sendung
»Geld oder Liebe«

Konstantin Wecker

Schon Schweigen ist Betrug

Die kompletten Liedtexte

Vorwort von Dieter Hildebrandt

414 Seiten · 18 Schwarzweißfotos

13,5 x 21 cm · Gebunden

DM 49,80 · ÖS 364,- · SFr 47,80 · ISBN 3-930378-00-0

»Dem Verlag sei Dank sind erstmals alle Liedtexte
in einem Buch versammelt.«
BuchJournal